POPOLN VODNIK PO FERMENTIRANEM SADJU

Potopite se v svet fermentacije s 100 okusnimi recepti

MARTA LOGAR

Avtorski material ©2024

Vse pravice pridržane

Nobenega dela te knjige ni dovoljeno uporabljati ali prenašati v kakršni koli obliki ali na kakršen koli način brez ustreznega pisnega soglasja založnika in lastnika avtorskih pravic, razen kratkih citatov, uporabljenih v recenziji. Ta knjiga se ne sme obravnavati kot nadomestilo za zdravniški, pravni ali drug strokovni nasvet.

KAZALO

KAZALO 3
UVOD 6
ČATNIJI IZ FERMENTIRANEGA SADJA 8
   1. Amaretto brusnični čatni 9
   2. Brusnično-figov čatni 11
   3. Chutney iz zmajevega sadja 13
   4. Brusnično pomarančni čatni 15
   5. Fijian Chili Mango Chutney 17
   6. Mangov čatni 19
   7. Fidžijski pikantni čatni s tamarindo 21
   8. Gojeni pikantni breskov čatni 23
   9. Chutney iz vloženih fig in rdeče čebule 25
   10. Chutney iz bezgovih sliv 27
   11. Chutney iz karamelizirane hruške in granatnega jabolka 29
   12. Oster (fermentiran) sadni čatni 31
   13. Chutney iz kandiranega sadja 33
   14. Sadni žar čatni 35
   15. Sladko-kisli čatni iz papaje 37
   16. Čatni iz jabolk in suhih sliv 39
   17. Karambolni čatni 41
   18. Kutinov čatni, začinjen s kardamomom 43
   19. Bananin čatni 45
   20. Datljev&pomarančni čatni 47
   21. Svež ananasov čatni 49
   22. Limetin čatni 51
   23. Limetino-jabolčni čatni 53
   24. Dimljen jabolčni čatni 55
   25. Nektarin čatni 57
   26. Hitri breskov čatni 59
   27. S kardamomom začinjen mangov čatni 61
FERMENTIRANE SADNE PIJAČE 63
   28. Blush Rose Kombucha 64
   29. Breskev Kombucha Lassi 66
   30. Limonada Kombucha 68
   31. Blackberry Zinger 70
   32. Kombuča granatnega jabolka 72
   33. Borovničevo-ingverjeva kombuča 74
FERMENTIRANE OMAKE IN KOMPOTI 76
   34. Kompot iz fermentiranih jagod 77
   35. Fermentirana jabolčna omaka 79

36. Fermentirana brusnična omaka 81
37. Fermentirana ananasova salsa 83
38. Fermentirana mangova salsa 85
39. Fermentirana breskova salsa 87
40. Salsa iz fermentirane lubenice 89
41. Fermentiran čebulni čatni 91

FERMENTIRANI SADNI DŽEMI IN ŽELEJI 93
42. Fermentirana jagodna marmelada 94
43. Fermentiran breskov žele 96
44. Fermentirana malinova marmelada 98
45. Fermentiran borovničev žele 100

SADJNE KULTURE IN KIS 102
46. Gojeni pikantni breskov čatni 103
47. Sladke vanilijeve breskve 105
48. Crabapple kis 107
49. Jabolčni kis 109
50. Ananasov kis 111

FERMENTIRANE SADNE KUMACE 113
51. Začinjene figove kumarice 114
52. Slivove in ingverjeve kumarice 116
53. Češnja in mandlji 118
54. Breskev, hruška in češnja Kisle kumarice 120
55. Sladko in pikantno Marelične kumarice 122
56. Avokado kumarice 124
57. Vložene višnje 126
58. Brusnične pomarančne kumarice 128
59. Začinjena pomarančna kumarica 130
60. Kisla kumarica z limonino baziliko 132
61. Kisla kumarica Citrus Ingver 134
62. Medeno-limetina mango kisla kumarica 136
63. Yuzu vložen daikon 138
64. Grenivkina kisla kumarica 140
65. Vložene mandarine 142
66. Vloženi kumkvati 144
67. Citronska kumarica 146
68. Cantaloupe kumarice 149
69. Vložena lubenica 151
70. Vložena medena rosa z zelišči 153
71. Vložena melona Galia 155
72. Vložena lubenica in koper 157
73. Kool-Aid kumarice iz lubenic 159
74. Borovničeva meta 161
75. Malina balzamična kisla kumarica 163

76. Vložene jagode 165
77. Vložene robide 167
78. Hitro vložene brusnice 169
79. Vloženi kakiji 171
80. Vložena granatna jabolka in kumare 173
81. Minty Boozy vložene jagode 175
82. Mangova kisla kumarica 177
83. Mango, ananas in papaja 179
84. Sladke in pikantne ananasove kumarice 181
85. Kiwi Jalapeño kisla kumarica 183
86. Kisla kumarica Guava Chili 185
87. Starfruit Ingverjeva kisla kumarica 187
88. Vložen zmajev sadež 189
89. Jackfruit Mango kisla kumarica 191
90. kivi kumarica 193
91. Začinjeni jabolčni obročki 195
92. Ingvirirane hruške 197
93. iz jabolk in pese 199
94. Vanilije Bourbon Hruške Kumarice 201
95. Vložene hruške z rožmarinom 204
96. Jabolčne kumarice Jicama 206
97. Vložena jabolka s čilijem 208
98. Jabolčna pita kumarice 210
99. Zimski viski jabolčne kumarice 212
100. Balzamične kumarice s cimetom in hruškami 214

ZAKLJUČEK 216

UVOD

Dobrodošli v "Popolnem priročniku o fermentiranem sadju: potopite se v svet fermentacije s 100 okusnimi recepti!" V tem obsežnem vodniku se podajamo na popotovanje po bogatem in raznolikem svetu fermentiranega sadja. Fermentacija, starodavna kulinarična praksa, ne le ohrani sadje, ampak tudi izboljša njegov okus, hranilno vrednost in prebavljivost. Ne glede na to, ali ste izkušen fermentator ali šele začenjate svojo avanturo fermentacije, ta priročnik ponuja obilico receptov, tehnik in vpogledov, s katerimi boste izboljšali svojo izkušnjo fermentacije.

Fermentirano sadje že stoletja cenijo kulture po vsem svetu, od korejskega kimčija do nemškega kislega zelja, kar dokazuje univerzalnost in vsestranskost fermentacije. V tem priročniku raziskujemo nianse fermentacije različnega sadja, vključno z jabolki, jagodami, citrusi, tropskim sadjem in drugim. Vsako sadje ima v procesu fermentacije svoje edinstvene značilnosti, okuse in koristi za zdravje, zaradi česar je razburljivo raziskovanje tako za začetnike kot za navdušence.

Na teh straneh boste odkrili umetnost in znanost fermentacije, od razumevanja vloge koristnih mikrobov do obvladovanja ravnovesja okusov in tekstur. Poglabljamo se v različne metode fermentacije, kot so divja fermentacija, lakto fermentacija in fermentacija s kisom, ter ponujamo navodila po korakih in nasvete za odpravljanje težav, da zagotovimo vaš uspeh v vsaki seriji.

Poleg praktičnih vidikov je fermentacija tudi praznovanje kulture, tradicije in ustvarjalnosti. Povezuje nas z našimi predniki, ki so se zanašali na fermentacijo, da bi ohranili sezonsko obilje in nahranili svoje skupnosti v ostrih zimah. Danes fermentacija sadja ni le način za zmanjšanje zavržene hrane, ampak tudi oblika kulinaričnega izražanja, ki nam omogoča eksperimentiranje z okusi, začimbami in tehnikami za ustvarjanje edinstvenih in okusnih fermentov.

Ne glede na to, ali fermentirate zaradi zdravja, užitka ali preprosto iz veselja do eksperimentiranja, je "Popoln vodnik po fermentiranem sadju" vaš vir za vse, kar morate vedeti o fermentiranju sadja. Torej, zavihajte rokave, naberite svoje najljubše sadje in se podajte na okusno potovanje v očarljiv svet fermentacije.

ČATNIJI IZ FERMENTIRANEGA SADJA

1.Amaretto brusnični čatni

SESTAVINE:
- 1 skodelica svežih brusnic
- ¼ skodelice likerja Amaretto
- ¼ skodelice jabolčnega kisa
- ¼ skodelice medu
- ¼ skodelice sesekljane čebule
- 1 žlica naribanega svežega ingverja
- ¼ čajne žličke cimeta
- Sol in poper po okusu

NAVODILA:
a) V srednje veliki ponvi zmešajte brusnice, amaretto, jabolčni kis, med, čebulo, ingver, cimet, sol in poper.
b) Pustite vreti na srednjem ognju in občasno premešajte.
c) Kuhajte, dokler brusnice ne popokajo in se mešanica zgosti približno 10-15 minut.
d) Začimbe prilagodite okusu, po želji dodajte več soli ali medu.
e) Postrezite kot začimbo k pečenemu mesu ali kot namaz za sendviče.

2. Brusnično-figov čatni

SESTAVINE:
- 4 skodelice brusnic, grobo sesekljane
- 1 palčna korenina ingverja, olupljena in drobno narezana
- 1 velika pomaranča Navel, narezana na četrtine in drobno narezana
- 1 majhna čebula, drobno narezana
- ½ skodelice posušenega ribeza
- 5 suhih fig, na drobno narezane
- ½ skodelice orehov, opečenih in grobo sesekljanih
- 2 žlici gorčičnih semen
- 2 žlici jabolčnega kisa
- ¾ skodelice Bourbona ali škotskega viskija (neobvezno)
- 1½ skodelice svetlo rjavega sladkorja
- 2 žlički mletega cimeta
- 1 čajna žlička mletega muškatnega oreščka
- ½ čajne žličke mletih nageljnovih žbic
- ½ čajne žličke soli
- ⅛ čajne žličke kajenskega popra

NAVODILA:
a) V 4-litrski ponvi zmešajte grobo sesekljane brusnice, drobno narezan ingver, drobno sesekljano pomarančo, na kocke narezano čebulo, posušen ribez, narezane suhe fige, pražene in sesekljane orehe, gorčična semena, nastrgan ingver, jabolčnik in viski (če uporaba).
b) V majhni skledi temeljito premešajte rjavi sladkor, cimet, muškatni oreščke, nageljnove žbice, sol in kajenski poper.
c) Dodajte suhe sestavine iz majhne sklede v ponev z drugimi sestavinami. Premešamo, da se vse poveže.
d) Mešanico segrevajte, dokler ne zavre.
e) Zmanjšajte ogenj in pustite, da čatni med pogostim mešanjem vre 25-30 minut.
f) Ko je pripravljen, pustite, da se čatni ohladi, nato pa ga hranite v hladilniku do 2 tedna. Druga možnost je, da ga lahko zamrznete do 1 leta.
g) Uživajte v slastnem figovem čatniju iz brusnic!

3.Chutney iz zmajevega sadja

SESTAVINE:
- 1 zmajev sadež, narezan na kocke
- 1 žlica rastlinskega olja
- 1 majhna čebula, drobno sesekljana
- 2 stroka česna, nasekljana
- 1 žlica naribanega ingverja
- ¼ skodelice rjavega sladkorja
- ¼ skodelice jabolčnega kisa
- ¼ čajne žličke mletega cimeta
- Sol in poper po okusu

NAVODILA:
a) V srednji ponvi na srednjem ognju segrejte olje.
b) Dodajte čebulo, česen in ingver ter pražite, dokler čebula ni mehka in prosojna, približno 5 minut.
c) Dodajte na kocke narezano dragon sadje, rjavi sladkor, jabolčni kis, cimet, sol in poper.
d) Zavremo, nato zmanjšamo ogenj in pustimo vreti, dokler se omaka ne zgosti in je zmajevo sadje mehko približno 15-20 minut.
e) Postrezite kot začimbo k mesu na žaru ali kot omako za pomakanje spomladanskih zavitkov.

4.Brusnično pomarančni čatni

SESTAVINE:
- 24 unč celih brusnic , opranih
- 2 skodelici bele čebule , sesekljane
- 4 čajne žličke ingverja , olupljenega, naribanega
- 2 skodelici zlate rozine
- 1 1/2 skodelice belega sladkorja
- 2 skodelici 5% belega destiliranega kisa
- 1 1/2 skodelice rjavega sladkorja
- 1 skodelica pomarančnega soka
- 3 palčke cimeta

NAVODILA:
a) Združite vse sestavine z uporabo nizozemske pečice . Zavre najvišje ; dušimo 15 minut .
b) Odstranite cimetove palčke in jih zavrzite.
c) Napolnite v kozarce, pri čemer pustite 1/2-palčni prostor .
d) Spustite zračne mehurčke.
e) Kozarce dobro zapremo, nato pa 5 minut segrevamo v vodni kopeli.

5. Fijian Chili Mango Chutney

SESTAVINE:
- 2 zrela manga, olupljena, brez koščic in narezana na kocke
- ½ skodelice sladkorja
- ¼ skodelice kisa
- 2-3 rdeče čili paprike, drobno sesekljane (začimbe prilagodite svojim željam)
- ½ čajne žličke naribanega ingverja
- ½ čajne žličke mletih nageljnovih žbic
- Sol po okusu

NAVODILA:
a) V ponvi zmešajte mango, sladkor, kis, rdečo papriko, ingver, mlete nageljnove žbice in ščepec soli.
b) Na majhnem ognju med občasnim mešanjem kuhamo toliko časa, da se zmes zgosti in mango zmehča.
c) Pustite, da se čatni ohladi in ga nato shranite v kozarec. Ta začinjen mangov čatni je kot nalašč za dodajanje sladke in pikantne pike vašim obrokom.

6.Mangov čatni

SESTAVINE:
- 11 skodelic sesekljanega nezrelega manga
- 2 1/2 žlici naribanega svežega ingverja
- 4 1/2 skodelice sladkorja
- 1 čajna žlička soli za konzerviranje
- 1 1/2 žlice sesekljan svež česen
- 3 skodelice 5% belega destiliranega kisa
- 2 1/2 skodelice rumene čebule, sesekljane
- 2 1/2 skodelice zlatih rozin
- 4 žličke čilija v prahu r

NAVODILA:
a) Zmešajte sladkor in kis v a zaloga. Prinesite 5 minut. Dodajte vse ostale sestavine.
b) Kuhajte 25 minut, občasno premikajte .
c) Mešanico napolnite v kozarce, pri čemer pustite 1/2-palčni prostor . Spustite zračne mehurčke.
d) Kozarce dobro zapremo, nato pa 5 minut segrevamo v vodni kopeli.

7.fidžijski pikantni čatni s tamarindo

SESTAVINE:
- 1 skodelica tamarindove kaše
- ½ skodelice rjavega sladkorja
- ¼ skodelice vode
- 2-3 stroki česna, sesekljani
- 1-2 rdeči čili papriki, drobno sesekljani (začimbe prilagodite svojim željam)
- Sol po okusu

NAVODILA:
a) V ponvi zmešajte pulpo tamarinde, rjavi sladkor, vodo, sesekljan česen in sesekljano čili papriko.
b) Na majhnem ognju ob stalnem mešanju kuhamo toliko časa, da se zmes zgosti in sladkor raztopi.
c) Po okusu začinimo s soljo.
d) Pustite, da se čatni ohladi, nato pa ga postrezite kot začinjeno fidžijsko predjed. Odlično se poda k ocvrtim ali pečenim prigrizkom.

8. Gojeni pikantni breskov čatni

SESTAVINE:
- ½ majhne čebule, sesekljane (približno ⅓ skodelice sesekljane) in dušene
- 2 srednji breskvi, brez koščic in grobo narezani
- ½ čajne žličke nerafinirane morske soli
- Ščepec črnega popra
- ⅛ čajne žličke nageljnovih žbic
- ¼ čajne žličke kurkume v prahu
- ½ čajne žličke mletega koriandra
- ½ čajne žličke cimeta
- 1 kajenski poper, posušen in zdrobljen
- 3 žlice sirotke, 2 probiotični kapsuli ali ½ čajne žličke probiotičnega prahu

NAVODILA:
a) Združite vse sestavine v skledo; če uporabljate probiotične kapsule, vsebino izpraznite v sadno mešanico in zavrzite prazne ovojnice kapsul.
b) Mešajte, dokler ni dobro premešano. Zmes vlijemo v pollitrski zidan kozarec s pokrovom, pokrijemo in pustimo na sobni temperaturi približno dvanajst ur.
c) Hladimo, kjer naj zdrži približno štiri dni.

9.Chutney iz vloženih fig in rdeče čebule

SESTAVINE:
- 2 skodelici svežih fig, narezanih na četrtine
- 1 velika rdeča čebula, narezana na tanke rezine
- 1 skodelica rdečega vinskega kisa
- 1/2 skodelice medu
- 1 čajna žlička gorčičnih semen
- 1/2 čajne žličke črnega popra
- Ščepec soli

NAVODILA:
a) V ponvi zmešajte na četrtine narezane fige, na tanke rezine narezano rdečo čebulo, rdeči vinski kis, med, gorčična semena, črni poper in ščepec soli.
b) Mešanico zavremo in kuhamo toliko časa, da se fige in čebula zmehčajo.
c) Pustite, da se čatni ohladi, preden ga preložite v čiste kozarce. Zapremo in ohladimo.

10. Chutney iz bezgovih sliv

SESTAVINE:
- ½ skodelice rdeče čebule, sesekljane
- 1 žlica oljčnega olja
- 4 temne slive, izkoščičene in narezane (približno 2 skodelici)
- ½ skodelice posušenih bokov šipka (ali rozin)
- ¾ skodelice sladkorja
- 1 čajna žlička mletega cimeta
- ½ čajne žličke mletega ingverja
- ½ čajne žličke posušenih nageljnovih žbic
- 1 skodelica bezgovega kisa

NAVODILA:
a) V 2-litrski ponvi na srednjem ognju na srednjem ognju prepražite čebulo, dokler ne postekleni, približno 5 minut.
b) Dodamo slive, šipek, sladkor, cimet, ingver, nageljnove žbice in bezgov kis. Zmanjšajte ogenj na srednje nizko in kuhajte nepokrito, dokler se sadje ne sesede in se mešanica zgosti, približno 25 minut. Pogosto premešajte, da preprečite prijemanje.
c) Pustite, da se čatni ohladi, in ga nalijte v pollitrski kozarec. Shranjujte v hladilniku do 6 mesecev (če ga prej ne zaužijete!)
d) NASVET ZA ZDRAVJE: temno rdeča, modra in vijolično pigmentirana živila imajo naravno veliko koristnih antioksidantov, imenovanih antocianini, ki so koristni za zdravje srca in ožilja, preprečevanje raka in uravnavanje ravni glukoze. Bezgove jagode so posebej na vrhu mojega seznama za preprečevanje prehlada in gripe zaradi visoke ravni protivirusnega delovanja. Pripravki iz bezgovih jagod, kot so čaji, sirupi, kisi, grmičevje in želeji, lahko spodbujajo zdravje dihal, blažijo vnetje zgornjih dihal in delujejo kot izkašljevanje pri zamašenih pljučih.

11. Chutney iz karamelizirane hruške in granatnega jabolka

SESTAVINE:
- 2 veliki zreli hruški (olupljeni, strženi in narezani na kocke)
- 1 skodelica granatnega jabolka
- ½ skodelice rjavega sladkorja
- ¼ skodelice jabolčnega kisa
- 1 čajna žlička mletega cimeta
- ½ čajne žličke mletega ingverja
- ¼ čajne žličke mletih nageljnovih žbic
- Ščepec soli
- 1 žlica oljčnega olja

NAVODILA:
a) V ponvi na srednjem ognju segrejte olivno olje. Dodamo na kocke narezane hruške in jih pražimo 3-4 minute, da se zmehčajo.
b) Po hruškah potresemo rjavi sladkor in med pogostim mešanjem kuhamo, dokler sladkor ne karamelizira in prekrije hruške, približno 5-7 minut. Prilijemo jabolčni kis in mešamo, da ponev odstrani glazuro.
c) Dodamo granatno jabolko, mleti cimet, mleti ingver, mlete nageljnove žbice in ščepec soli. Dobro premešamo.
d) Ogenj zmanjšamo na nizko in dušimo še dodatnih 10 minut oziroma dokler se čatni ne zgosti.
e) Odstranite z ognja in pustite, da se čatni ohladi, preden ga prestavite v kozarec ali posodo.

12.Oster (fermentiran) sadni čatni

SESTAVINE:
- 3–4 olupljena, narezana jabolka, breskve ali ½ nasekljanega ananasa
- ½ skodelice vsake posušene sesekljane marelice, suhe slive, rumene rozine, brusnice, češnje, orehi orehi
- 1 narezan por
- Sok dveh limon
- ¼ skodelice sirotke, odcejene iz jogurta ali vodnega kefirja ali kombuče (zagotavlja dobro fermentacijo)
- 2 žlički morske soli
- 1 čajna žlička cimeta
- ⅛ čajne žličke rdeče paprike
- Voda ali kokosova voda za pokritje

NAVODILA:
a) V veliki skledi zmešajte vse sestavine, razen vode.
b) Zapakirajte v čiste steklene kozarce, pri čemer pustite centimeter ali dva prostora na vrhu.
c) Pokrijte in pustite na sobni temperaturi 2-3 dni.
d) Shranjujte v hladilniku do enega meseca ali zamrznite.

13. Chutney iz kandiranega sadja

SESTAVINE:
- 2 skodelici mešanega kandiranega sadja, sesekljanega
- 1 skodelica suhih marelic, sesekljanih
- 1/2 skodelice rozin
- 1 skodelica rjavega sladkorja
- 1 skodelica jabolčnega kisa
- 1 čajna žlička mletega ingverja
- 1/2 čajne žličke mletega cimeta
- Ščepec kajenskega popra (neobvezno)

NAVODILA:
a) V ponvi zmešajte vse sestavine in jih zavrite.
b) Zmanjšajte ogenj in kuhajte 30-40 minut oziroma dokler se čatni ne zgosti.
c) Pred serviranjem pustite, da se ohladi.
d) Ta čatni se dobro ujema s pečenim mesom, sirom ali kot namaz na sendvičih.

14. Sadni žar čatni

SESTAVINE:
- 16 majhnih šalotk
- 1¼ skodelice suhega belega vina
- 4 zmerne marelice
- 2 veliki breskvi
- 2 cela slivova paradižnika
- 12 celih suhih sliv
- 2 zmerna stroka česna
- 2 žlici sojine omake z nizko vsebnostjo natrija
- ½ skodelice temno rjavega sladkorja
- ¼ čajne žličke kosmičev rdeče paprike

NAVODILA:
V majhni ponvi zmešajte šalotko in vino; na močnem ognju zavrite.
Zmanjšajte toploto na zmerno nizko in pustite vreti, pokrijte s pokrovom , dokler šalotka ni mehka, 15 do 20 minut
Preostale sestavine zmešajte v veliki ponvi, dodajte šalotko in vino ter zavrite na močnem ognju . Zmanjšajte toploto na zmerno ; kuhajte , dokler se sadje ne razgradi, a je še vedno rahlo krhko, 10 do 15 minut . Pustite , da se ohladi.
Premakni se del omake v kuhinjski robot in pire. Uporabite to kot slanico

15. Sladko-kisli čatni iz papaje

SESTAVINE:
- 1 papaja (sveža; zrela ali v kozarcu)
- 1 majhna rdeča čebula; zelo tanko narezana na segmente
- 1 zmeren paradižnik (do 2); brez semen , na majhne kocke
- ½ skodelice narezane kapestose
- 1 majhen ananas; narezan na koščke
- 1 žlica medu
- Sol; po okusu
- Sveže mleti črni poper po okusu
- ½ Svež jalapeno; fino narezan na kocke

NAVODILA:
Zmešajte v mešalniku

16. Čatni iz jabolk in suhih sliv

SESTAVINE:
- 700 gr (1 funt, 8 oz.) jabolk, olupljenih, brez peščic in narezanih na kocke
- 1250 gr. (2 funta, 11 oz.) suhih sliv
- 450 gr (1 funt) čebule, olupljene in narezane na kocke
- 2 skodelici sultanic
- 2 skodelici jabolčnega kisa
- 2⅔ skodelice mehkega rjavega sladkorja
- 1 žlica soli
- 1 čajna žlička mleta, piment
- 1 čajna žlička mletega ingverja
- ¼ čajne žličke mletega muškatnega oreščka
- ¼ čajne žličke mletega kajenskega popra
- ¼ čajne žličke mletih nageljnovih žbic
- 2 žlički gorčičnega semena
- Sterilizirani stekleni kozarci

NAVODILA:
Vse sestavine zavremo v precej veliki ponvi. Zmanjšamo ogenj . Kuhamo približno 2 uri.
Ko je zmes dovolj gosta, čatni prelijemo v sterilizirane kozarce in jih takoj zapremo.

17. Karambolni čatni

SESTAVINE:
- 2 skodelici karambole (zvezdasto sadje) na kocke (3/4 lb)
- ¼ skodelice sladkorja
- ½ skodelice suhega rdečega vina
- 1 žlica olupljenega in drobno narezanega ingverja
- ¼ čajne žličke mletih nageljnovih žbic
- 2 žlici belega vinskega kisa

NAVODILA:
Vse sestavine zmešajte v zmerni ponvi in dobro premešajte. Na zmernem - močnem ognju zavrite in kuhajte 25 minut ali več, dokler se rahlo ne zgosti.

18. Kutinov čatni, začinjen s kardamomom

SESTAVINE:
- 2 kutini, olupljeni, strženi in narezani na kocke
- 1 čebula, drobno sesekljana
- 1/2 skodelice rjavega sladkorja
- 1/4 skodelice jabolčnega kisa
- 1 čajna žlička mletega kardamoma
- 1/2 čajne žličke mletega cimeta
- 1/4 čajne žličke mletih nageljnovih žbic
- Ščepec soli

NAVODILA:
a) V ponvi zmešajte na kocke narezane kutine, sesekljano čebulo, rjavi sladkor, jabolčni kis, mleti kardamom, mleti cimet, mlete nageljnove žbice in ščepec soli.
b) Mešanico zavrite, nato zmanjšajte ogenj in kuhajte približno 30-40 minut oziroma dokler se kutine ne zmehčajo in se čatni zgosti.
c) Sladkost in začimbe prilagodite okusu.
d) Pred serviranjem pustite, da se kutinov čatni ohladi. Odlično se ujema s sirom, pečenim mesom ali kot začimba za sendviče.

19.B ananin čatni

SESTAVINE:
- 6 banan
- 1 skodelica mlete čebule
- 1 skodelica rozin
- 1 skodelica mletih trpkih jabolk
- 1 skodelica jabolčnega kisa
- 2 skodelici sladkorja
- 1 žlica soli
- 1 čajna žlička mletega ingverja
- 1 čajna žlička muškatnega oreščka
- ¼ skodelice kajenskega popra
- ⅓ skodelice limoninega soka
- 3 stroki česna sesekljani

NAVODILA:
Olupite in pretlačite banane. V velikem loncu zmešajte vse sestavine.
Pecite v žaru pri 350° približno 2 uri, občasno premešajte .
Ko se zgosti, nadevamo v sterilizirane kozarce in zapremo.

20. Datljev&pomarančni čatni

SESTAVINE:
- 1 funt neobdelanih pomaranč
- 3½ skodelice sladkorja
- 7 žlic zlatega sirupa
- 2 žlici grobe soli
- ¼ čajne žličke posušenih čilijev; zdrobljenih
- 6¾ skodelice sladnega kisa
- 1 funt čebule; narezane na kocke
- 1 funt datljev, izkoščičenih in narezanih na kocke
- 1 funt rozin

NAVODILA:
Pomarančno lupinico nastrgamo in odstavimo . Pomarančam odstranite peščico in zavrzite pečke. Pomarančno meso drobno sesekljajte . V veliki ponvi iz nerjavečega jekla zmešajte sladkor , sirup, sol , čili in kis.
Na močnem ognju zavrite in mešajte, da se sladkor raztopi . Dodajte pomaranče , čebulo, datlje, rozine in zdrobite naribano lupinico. Zmanjšajte ogenj in kuhajte približno 1 uro , dokler se ne zgosti . Vmešajte preostalo pomarančno lupinico.

21.Svež ananasov čatni

SESTAVINE:
- 1 Lg (6-7 lb) svežega ananasa
- 1 žlica soli
- ½Lg stroka česna, pretlačen
- 1¾ skodelice rozin brez semen
- 1¼ skodelice svetlo rjavega sladkorja
- 1 skodelica jabolčnega kisa
- 2 2 palčne cimetove palčke
- ¼ čajne žličke mletih nageljnovih žbic

NAVODILA:

Ananas olupimo, razkosamo in drobno nasekljamo. potresemo s soljo in pustimo počivati 1½ ure. Odcedimo.

Česen in rozine stresite skozi sekljalnik hrane z zmerno močjo rezilo. Dodajte ananasu.

V ponvi zmešajte sladkor, kis in začimbe ter segrejte do vrelišča. Dodajte mešanico sadja in kuhajte na zmernem ognju, dokler se ne zgosti, približno 45 minut. fractional -ping kozarce in takoj zaprite.

22. Limetin čatni

SESTAVINE:
- 12 limet
- 2 stroka česna
- 4-palčni košček ingverja
- 8 zelenih čilijev
- 1 žlica čilija v prahu
- 12 žlic sladkorja
- 1 skodelica kisa

NAVODILA:
Limete očistite in nasekljajte na manjše koščke, odstranite semena . Limetin sok, ki se nabere med sekljanjem, shranite. Česen, ingver in čilije na drobno narežite . Zmešajte vse sestavine razen kisa. Kuhajte na majhnem ognju , dokler se zmes ne zgosti gosto.Dodajte kis in pustite vreti 5 minut.Ohladite in ustekleničite.Pojejte po 3-4 tednih.

23. Limetino-jabolčni čatni

SESTAVINE:
- ¼ skodelice svežega limetinega soka
- 1 žlica soli
- 1 majhna čebula; zelo drobno
- 1½ funta trpkih zelenih jabolk
- žličke kosmičev rdečega čilija
- 1½ čajne žličke medu
- ¼ skodelice naribanega nesladkanega kokosa

NAVODILA:
V nereaktivni posodi zmešajte limetin sok in sol ter mešajte, dokler se sol ne raztopi.
Dodajte čebulo, jabolka , kosmiče feferona , med in kokos. Premešajte , nato Pokrijte s pokrovom in pustite počivati vsaj 10 minut pred porcijo .

24.Dimljen jabolčni čatni

SESTAVINE:
- 4 funte jabolka Granny Smith, olupljeno in segmentirano
- 1 velika rdeča ali zelena paprika, brez semen in narezana na kocke
- 2 veliki rumeni čebuli, narezani na kocke
- 1 velik strok česna, mlet
- 12" kos svežega ingverja, tanko segmentiran
- 2 žlici rumenega gorčičnega semena
- ½ skodelice jabolčnega kisa
- ¼ skodelice vode
- 1 skodelica rjavega sladkorja, pakirano
- ¾ skodelice rozin ali tokov

NAVODILA:
Vse sestavine zmešajte v loncu.
se premeša. Postavite na zgornjo rešetko kadilnice. Pokrijte s pokrovom za dimljenje in dimite 4 do 5 ur, občasno premešajte čatni. Po potrebi dodajte več vode. Vse ostanke lahko shranite v pokritih kozarcih v hladilniku več tednov.

25. Nektarin čatni

SESTAVINE:
- 1 skodelica svetlo rjavega sladkorja (pakirano)
- ½ skodelice jabolčnega kisa
- 4 nektarine, olupljene in narezane na kocke (do 5)
- 1 skodelica rozin
- 1 cela limona, lupina
- 1 cela limona, olupljena , brez pečk in narezana na kocke
- 2 žlici svežega ingverja, mletega
- 1 velik strok česna, mlet
- ½ čajne žličke curryja v prahu
- ¼ čajne žličke Cayenne

NAVODILA:
V zmerni , nereaktivni ponvi, kuhajte kis in rjavi sladkor na zmernem segrevajte in mešajte, da se sladkor raztopi. Zavrejte . Dodajte preostale sestavine.
Pustite vreti 3 do 5 minut. Odstranite z ognja in ohladite. Hladite 2 tedna ali lahko. Postrezite s perutnino, svinjino ali šunko.

26. Hitri breskov čatni

SESTAVINE:
- 2 pločevinki rezane breskve v soku; (16 oz) rezervni sok
- ¼ skodelice Plus 1 žlica belega vinskega kisa
- ¼ skodelice sladkorja
- ½ skodelice čebule; drobno narezane
- 1 majhen jalapeno, brez pecljev , semen, na drobno narezan
- ½ čajne žličke mlete kumine
- ¼ čajne žličke kurkume
- ¼ čajne žličke mletega cimeta
- ⅓ skodelice zlatih rozin

NAVODILA:
a) V zmerno veliki ponvi brez aluminija zmešajte kis , sladkor, čebulo in jalapeno. Mešajte na zmernem ognju 3 minute.
b) Odcejeno breskev predelajte v grob pire v kuhinjskem robotu. Dodajte v ponev z ¼ skodelice prihranjenega breskovega soka, kumino , kurkumo, cimetom in rozinami.
c) Zavremo , zmanjšamo ogenj in pustimo vreti 20 minut, pogosto mešamo.
d) Čatni prestavite na posodo. Postrezite toplo ali pri sobni temperaturi.

27. S kardamomom začinjen mangov čatni

SESTAVINE:
- 2 skodelici na kocke narezanega zrelega manga
- 1/2 skodelice sesekljane rdeče čebule
- 1/4 skodelice rozin
- 1/2 skodelice rjavega sladkorja
- 1/2 skodelice jabolčnega kisa
- 1 čajna žlička mletega kardamoma
- 1/2 čajne žličke mletega ingverja
- 1/4 čajne žličke kosmičev rdeče paprike (neobvezno)
- Sol po okusu

NAVODILA:

a) V ponvi zmešajte na kocke narezan mango, rdečo čebulo, rozine, rjavi sladkor, jabolčni kis, mleti kardamom, mleti ingver in kosmiče rdeče paprike.

b) Mešanico zavremo, nato zmanjšamo ogenj in pustimo vreti približno 30-40 minut oziroma dokler se čatni ne zgosti.

c) Po okusu začinimo s soljo.

d) Pustite, da se čatni ohladi, preden ga postrežete. Odlično se poda k mesu na žaru, kariju ali kot začimba za sendviče.

FERMENTIRANE SADNE PIJAČE

28. Blush Rose Kombucha

SESTAVINE:
- 2 skodelici narezanih jagod
- 3 skodelice zelenega čaja kombucha
- 2 žlički rožne vode

NAVODILA:
a) V majhni skledi z mečkalcem krompirja pretlačite jagode, dokler niso na majhne koščke in sočne.
b) Pretlačene jagode vlijemo v žično mrežasto cedilo, ki ga namestimo na četrtlitrski kozarec. S hrbtno stranjo žlice pritisnite na delce jagode, da iztisnete čim več soka. Zavrzite pulpo.
c) Dodajte kombučo iz zelenega čaja v jagodno tekočino.
d) Dodajte rožno vodo v kozarec, premešajte in postrezite z ledom.

29.Breskev Kombucha Lassi

SESTAVINE:
- 4 unče kombuče oolong ali zelenega čaja
- 1½ skodelice na kocke narezanih breskev
- 6 unč navadnega jogurta
- Brizganje rožne vodice

NAVODILA:
a) V mešalniku zmešajte kombučo , breskve, jogurt in rožno vodico ter mešajte do gladkega.
b) Postrezite takoj.

30.Limonada Kombucha

SESTAVINE:
- 1¼ skodelice sveže iztisnjenega limoninega soka
- 15 skodelic zelenega čaja ali oolong kombuče

NAVODILA:
a) V vsako 16-unčno steklenico nalijte 2 žlici limoninega soka.
b) S pomočjo lijaka napolnite steklenice s kombučo , tako da v vsakem ozkem grlu pustite približno 1 cm prostora.
c) Steklenice tesno zamašite.
d) Steklenice postavite na toplo mesto, približno 72 °F, da fermentirajo 48 ur.
e) 1 steklenico hranite v hladilniku 6 ur, dokler ni popolnoma ohlajena. Odprite steklenico (nad umivalnikom) in okusite kombučo . Če je po vašem mnenju mehurčkast, ohladite vse steklenice, da ustavite fermentacijo. Če še ni tam, pustite neodprte steklenice še dan ali dva in poskusite znova. Ko dosežete želeno šumenje in sladkobo, ohladite vse steklenice, da ustavite fermentacijo.
f) Pred serviranjem precedite, da odstranite in zavržete še prisotne pramene kvasa.

31.Blackberry Zinger

SESTAVINE:
- 2 skodelici robid
- 4 unče sveže iztisnjenega limetinega soka
- 14 skodelic črnega čaja kombucha

NAVODILA:
a) V veliki skledi z veliko žlico ali mečkalcem krompirja pretlačite robide in iz njih izpustite sok.
b) Jagode prenesite v galonsko posodo za fermentacijo in dodajte limetin sok.
c) Preostanek posode napolnite s kombučo iz črnega čaja.
d) Kozarec pokrijte s čisto belo krpo in jo pritrdite z gumijastim trakom. Pustite kozarec
e) fermentirajte 2 dni na toplem, med 68 °F in 72 °F.
f) Po 48 urah mešanico precedite, da odstranite semena robid.
g) Z lijakom nalijte mešanico v steklenice in jih dobro zamašite.
h) Steklenice pustite na toplem, približno 72 °F, da fermentirajo dodatna 2 dni.
i) 1 steklenico hranite v hladilniku 6 ur, dokler ni popolnoma ohlajena. Odprite steklenico (nad umivalnikom) in okusite kombučo. Če je po vašem mnenju mehurčkast, ohladite vse steklenice in ohlajeno postrezite. Če še ni tam, pustite neodprte steklenice še dan ali dva in poskusite znova.
j) Ko dosežete želeno šumenje in sladkobo, ohladite vse steklenice, da ustavite fermentacijo.

32.Kombuča granatnega jabolka

SESTAVINE:
- 14 skodelic vode, razdeljeno
- 4 vrečke črnega čaja
- 4 vrečke zelenega čaja
- 1 skodelica sladkorja
- 1 SCOBY
- 2 skodelici čajne predjedi
- 1 skodelica soka granatnega jabolka, razdeljena
- 2 čajni žlički sveže iztisnjenega limoninega soka, razdeljeni
- 4 rezine svežega ingverja, razdeljene

NAVODILA:
a) V veliki ponvi segrejte 4 skodelice vode na 212 °F na zmernem ognju, nato pa ponev takoj odstranite z ognja.
b) Dodajte vrečke črnega in zelenega čaja ter enkrat premešajte. Ponev pokrijte in pustite, da se čaj strmi 10 minut.
c) Odstranite čajne vrečke. Dodajte sladkor in mešajte, dokler se ves sladkor ne raztopi.
d) Preostalih 10 skodelic vode nalijte v ponev, da ohladite čaj. Preden nadaljujete, preverite temperaturo in zagotovite, da je pod 85 °F.
e) Čaj nalijte v 1-litrski kozarec.
f) Umijte in temeljito sperite roke, nato položite SCOBY na površino čaja in dodajte začetni čaj v kozarec.
g) S čisto belo krpo pokrijte odprtino kozarca in jo pritrdite z gumijastim trakom. Pustite kozarec na toplem, približno 72 °F, da fermentira 7 dni.
h) Po 7 dneh okusite kombučo. Če je presladka, pustite, da fermentira dodaten dan ali dva. Ko vam je kombuča prijetnega okusa, SCOBY odstranite in rezervirajte za prihodnjo uporabo.
i) Rezervirajte 2 skodelici kombuče za naslednjo serijo, preden aromatizirate preostalo kombučo.

33.Borovničevo-ingverjeva kombuča

SESTAVINE:
- 2 skodelici borovnic
- ¼ skodelice kandiranega ingverja, sesekljanega
- 14 skodelic oolong čaja kombuča

NAVODILA:
a) V veliki skledi z veliko žlico ali mečkalcem krompirja pretlačite borovnice in iz njih izpustite sok.
b) Prenesite jagode v galonsko posodo za fermentacijo in dodajte kandiran ingver in oolong čaj kombučo.
c) S čisto belo krpo pokrijte kozarec in ga pritrdite z gumijastim trakom. Pustite kozarec, da fermentira 2 dni na toplem, med 68 °F in 72 °F.
d) Po 48 urah mešanico precedite, da odstranite koščke borovnic in ingverja.
e) S pomočjo lija vlijemo kombučo v steklenice in jih dobro zapremo.
f) Steklenice postavite na toplo mesto, približno 72 °F, da fermentirajo 48 ur.
g) 1 steklenico hranite v hladilniku 6 ur, dokler ni popolnoma ohlajena. Odprite steklenico (nad umivalnikom) in okusite kombučo. Če je po vašem mnenju mehurčkast, ohladite vse steklenice in ohlajeno postrezite. Če še ni tam, pustite neodprte steklenice še dan ali dva in poskusite znova.
h) Ko dosežete želeno šumenje in sladkobo, ohladite vse steklenice, da ustavite fermentacijo.

FERMENTIRANE OMAKE IN KOMPOTI

34. Kompot iz fermentiranih jagod

SESTAVINE:
- 2 skodelici mešanega jagodičevja (kot so jagode, borovnice, maline)
- 1/4 skodelice medu
- 1 žlica sirotke ali fermentacijskega starterja

NAVODILA:
a) Jagode temeljito operemo in damo v steklen kozarec.
b) V majhni skledi zmešajte med in sirotko (ali fermentacijski starter), dokler se dobro ne združita.
c) Z mešanico medu prelijte jagode v kozarcu.
d) Z žlico ali čistimi rokami nežno zmečkajte nekaj jagod, da izpustijo sok.
e) Kozarec ohlapno pokrijte s pokrovom ali krpo.
f) Pustite, da kompot 2-3 dni fermentira na sobni temperaturi, enkrat dnevno premešajte.
g) Ko kompot fermentira, ga prestavimo v zaprto posodo in shranimo v hladilniku. Uživajte v jogurtu, ovsenih kosmičih ali kot preliv za sladice.

35.Fermentirana jabolčna omaka

SESTAVINE:
- 4-5 srednjih jabolk, olupljenih, brez sredice in narezanih na rezine
- 1/4 skodelice vode
- 1 žlica medu ali javorjevega sirupa
- 1 žlica sirotke ali fermentacijskega starterja
- 1 čajna žlička mletega cimeta (neobvezno)

NAVODILA:
a) Narezana jabolka damo v ponev z vodo na srednji vročini.
b) Jabolka kuhajte, dokler niso mehka in zlahka pretlačena, približno 10-15 minut.
c) Odstavite ponev z ognja in pustite, da se jabolka nekoliko ohladijo.
d) Kuhana jabolka pretlačite z vilicami ali tlačilko za krompir, dokler ne dosežete želene gostote.
e) Vmešajte med ali javorjev sirup, sirotko (ali starter za fermentacijo) in cimet (če uporabljate).
f) Jabolčno omako prestavimo v steklen kozarec.
g) Kozarec ohlapno pokrijte s pokrovom ali krpo.
h) Pustite, da omaka 2-3 dni fermentira na sobni temperaturi.
i) Ko fermentira, jabolčno omako shranite v hladilniku. Uživajte kot prigrizek ali prilogo.

36. Fermentirana brusnična omaka

SESTAVINE:
- 2 skodelici svežih brusnic
- 1/2 skodelice pomarančnega soka
- 1/4 skodelice medu ali javorjevega sirupa
- Lupina 1 pomaranče
- 1 žlica sirotke ali fermentacijskega starterja

NAVODILA:
i) Brusnice oplaknite in jih položite v ponev s pomarančnim sokom na zmernem ognju.
j) Kuhajte brusnice, dokler ne začnejo pokati in postanejo mehke, približno 10-15 minut.
k) Odstavite ponev z ognja in pustite, da se brusnice nekoliko ohladijo.
l) Brusnice pretlačite z vilicami ali tlačilko za krompir, dokler ne dosežete želene gostote.
m) Vmešajte med ali javorjev sirup, pomarančno lupinico in sirotko (ali starter za fermentacijo).
n) Brusnično omako prestavimo v steklen kozarec.
o) Kozarec ohlapno pokrijte s pokrovom ali krpo.
p) Pustite, da omaka 2-3 dni fermentira na sobni temperaturi.
q) Ko fermentira, brusnično omako shranite v hladilniku. Uživajte kot prilogo k prazničnim jedem.

37.Fermentirana ananasova salsa

SESTAVINE:
- 2 skodelici svežega ananasa, narezanega na kocke
- 1/2 rdeče čebule, drobno sesekljane
- 1 jalapeno paprika, brez semen in drobno sesekljana
- 1/4 skodelice svežega cilantra, sesekljanega
- Sok 2 limet
- 1 žlica sirotke ali fermentacijskega starterja
- Sol po okusu

NAVODILA:
a) V skledi zmešajte na kocke narezan ananas, sesekljano rdečo čebulo, jalapeno poper in koriander.
b) Dodajte limetin sok, sirotko (ali starter za fermentacijo) in sol po okusu. Dobro premešaj.
c) Mešanico salse prenesite v steklen kozarec.
d) Kozarec ohlapno pokrijte s pokrovom ali krpo.
e) Pustite, da salsa fermentira na sobni temperaturi 1-2 dni.
f) Ko je fermentirana, shranite ananasovo salso v hladilniku. Uživajte s tortiljinim čipsom ali kot preliv k ribam ali piščancu na žaru.

38. Fermentirana mangova salsa

SESTAVINE:
- 2 zrela manga, olupljena, brez koščic in narezana na kocke
- 1/2 rdeče čebule, drobno sesekljane
- 1 jalapeno paprika, brez semen in drobno sesekljana
- 1/4 skodelice svežega cilantra, sesekljanega
- Sok 2 limet
- 1 žlica sirotke ali fermentacijskega starterja
- Sol po okusu

NAVODILA:
a) V skledi zmešajte na kocke narezan mango, sesekljano rdečo čebulo, jalapeno poper in koriander.
b) Dodajte limetin sok, sirotko (ali starter za fermentacijo) in sol po okusu. Dobro premešaj.
c) Mešanico salse prenesite v steklen kozarec.
d) Kozarec ohlapno pokrijte s pokrovom ali krpo.
e) Pustite, da salsa fermentira na sobni temperaturi 1-2 dni.
f) Ko je fermentirana, shranite mangovo salso v hladilniku. Uživajte s tortiljinim čipsom ali kot preliv k ribam ali piščancu na žaru.

39. Fermentirana breskova salsa

SESTAVINE:
- 2 zreli breskvi, olupljeni, brez koščic in narezani na kocke
- 1/2 rdeče čebule, drobno sesekljane
- 1 jalapeno paprika, brez semen in drobno sesekljana
- 1/4 skodelice svežega cilantra, sesekljanega
- Sok 2 limet
- 1 žlica sirotke ali fermentacijskega starterja
- Sol po okusu

NAVODILA:
a) V skledi zmešajte na kocke narezane breskve, sesekljano rdečo čebulo, jalapeno poper in koriander.
b) Dodajte limetin sok, sirotko (ali starter za fermentacijo) in sol po okusu. Dobro premešaj.
c) Mešanico salse prenesite v steklen kozarec.
d) Kozarec ohlapno pokrijte s pokrovom ali krpo.
e) Pustite, da salsa fermentira na sobni temperaturi 1-2 dni.
f) Ko fermentira, shranite breskovo salso v hladilniku. Uživajte s tortiljinim čipsom ali kot preliv k ribam ali piščancu na žaru.

40. Salsa iz fermentirane lubenice

SESTAVINE:
- 2 skodelici narezane lubenice brez pečk
- 1/2 rdeče čebule, drobno sesekljane
- 1 jalapeno paprika, brez semen in drobno sesekljana
- 1/4 skodelice svežih listov mete, sesekljanih
- Sok 2 limet
- 1 žlica sirotke ali fermentacijskega starterja
- Sol po okusu

NAVODILA:
a) V skledi zmešajte na kocke narezano lubenico, sesekljano rdečo čebulo, jalapeno poper in metine liste.
b) Dodajte limetin sok, sirotko (ali starter za fermentacijo) in sol po okusu. Dobro premešaj.
c) Mešanico salse prenesite v steklen kozarec.
d) Kozarec ohlapno pokrijte s pokrovom ali krpo.
e) Pustite, da salsa fermentira na sobni temperaturi 1-2 dni.
f) Ko je fermentirana, hranite lubenično salso v hladilniku.
g) Uživajte s tortiljinim čipsom ali kot preliv k ribam ali piščancu na žaru.

41. Fermentiran čebulni čatni

SESTAVINE:
- 6 skodelic narezane sladke čebule
- ½ skodelice svežega limoninega soka
- 2 žlički celega semena kumine
- 1 čajna žlička celega gorčičnega semena
- ½ čajne žličke omake Tabasco
- ¼ čajne žličke kosmičev rdeče paprike
- 2 žlički mletega čilija
- ¼ skodelice svetlo rjavega sladkorja
- 1 vsak Sol po okusu

NAVODILA:
a) Vse sestavine zmešajte v težki ponvi na zmernem ognju.
b) Pustite, da zavre, pogosto mešajte .
c) Ko zmes zavre , takoj Odstavimo z ognja in damo v vroče sterilizirane kozarce.
d) Vakuumsko tesnilo.

FERMENTIRANI SADNI DŽEMI IN ŽELEJI

42. Fermentirana jagodna marmelada

SESTAVINE:
- 2 funta jagod, oluščenih in narezanih
- 1 skodelica sladkorja
- 2 žlici limoninega soka
- 1 žlica sirotke ali fermentacijskega starterja

NAVODILA:
a) V veliki skledi zmešajte sesekljane jagode in sladkor. Pustite stati 1 uro, da jagode spustijo sok.
b) Prenesite jagode in njihov sok v ponev. Dodamo limonin sok in pustimo vreti na srednjem ognju.
c) Kuhajte jagode, pogosto mešajte, dokler se mešanica ne zgosti, približno 15-20 minut.
d) Odstavite ponev z ognja in pustite, da se mešanica nekoliko ohladi.
e) Vmešajte sirotko ali fermentacijski starter.
f) Marmelado preložimo v sterilizirane kozarce.
g) Kozarce ohlapno pokrijte s pokrovi ali krpo.
h) Pustite, da marmelada fermentira na sobni temperaturi 1-2 dni.
i) Ko je fermentirano, kozarce dobro zaprite in shranite v hladilniku. Uživajte na toastu ali z jogurtom.

43.Fermentiran breskov žele

SESTAVINE:
- 4 funte zrelih breskev, olupljenih, brez koščic in narezanih
- 1 skodelica vode
- 2 skodelici sladkorja
- Sok 1 limone
- 1 žlica sirotke ali fermentacijskega starterja

NAVODILA:
a) V veliki ponvi zmešajte narezane breskve in vodo. Zavremo na srednje močnem ognju, nato zmanjšamo ogenj in pustimo vreti 10 minut.
b) Breskve pretlačimo s stiskalnikom za krompir ali vilicami.
c) Na sklenco položite fino sito ali gazo in precedite mešanico breskev, tako da pritisnete navzdol, da iztisnete čim več tekočine.
d) Odmerite precejen breskov sok in ga vrnite v ponev. Soku dodamo enako količino sladkorja.
e) V ponev dodajte limonin sok in mešanico zavrite, med nenehnim mešanjem.
f) Mešanico kuhajte, dokler ne doseže stopnje gela, približno 10-15 minut.
g) Odstavite ponev z ognja in pustite, da se mešanica nekoliko ohladi.
h) Vmešajte sirotko ali fermentacijski starter.
i) Žele prelijemo v sterilizirane kozarce.
j) Kozarce ohlapno pokrijte s pokrovi ali krpo.
k) Pustite, da žele fermentira na sobni temperaturi 1-2 dni.
l) Ko je fermentirano, kozarce dobro zaprite in shranite v hladilniku. Uživajte na toastu ali kot glazuro za meso.

44. Fermentirana malinova marmelada

SESTAVINE:
- 3 skodelice malin
- 1 skodelica sladkorja
- 1 žlica limoninega soka
- 1 žlica sirotke ali fermentacijskega starterja

NAVODILA:
a) V veliki skledi zmešajte maline in sladkor. Pustimo stati 1 uro, da maline spustijo sok.
b) Malinovo mešanico prenesite v ponev. Dodamo limonin sok in pustimo vreti na srednjem ognju.
c) Kuhajte maline ob pogostem mešanju, dokler se zmes ne zgosti, približno 15-20 minut.
d) Odstavite ponev z ognja in pustite, da se mešanica nekoliko ohladi.
e) Vmešajte sirotko ali fermentacijski starter.
f) Marmelado preložimo v sterilizirane kozarce.
g) Kozarce ohlapno pokrijte s pokrovi ali krpo.
h) Pustite, da marmelada fermentira na sobni temperaturi 1-2 dni.
i) Ko je fermentirano, kozarce dobro zaprite in shranite v hladilniku. Uživajte na toastu ali z jogurtom.

45. Fermentiran borovničev žele

SESTAVINE:
- 4 skodelice borovnic
- 1 skodelica vode
- 2 skodelici sladkorja
- Sok 1 limone
- 1 žlica sirotke ali fermentacijskega starterja

NAVODILA:
a) V veliki ponvi zmešajte borovnice in vodo. Zavremo na srednje močnem ognju, nato zmanjšamo ogenj in pustimo vreti 10 minut.
b) Borovnice pretlačimo s stiskalnikom za krompir ali vilicami.
c) Na skledo položite fino sito ali gazo in precedite borovničevo mešanico, tako da pritisnete navzdol, da iztisnete čim več tekočine.
d) Precejen borovničev sok odmerimo in vrnemo v ponev. Soku dodamo enako količino sladkorja.
e) V ponev dodajte limonin sok in mešanico zavrite, med nenehnim mešanjem.
f) Mešanico kuhajte, dokler ne doseže stopnje gela, približno 10-15 minut.
g) Odstavite ponev z ognja in pustite, da se mešanica nekoliko ohladi.
h) Vmešajte sirotko ali fermentacijski starter.
i) Žele prelijemo v sterilizirane kozarce.
j) Kozarce ohlapno pokrijte s pokrovi ali krpo.
k) Pustite, da žele fermentira na sobni temperaturi 1-2 dni.
l) Ko je fermentirano, kozarce dobro zaprite in shranite v hladilniku. Uživajte na toastu ali z jogurtom.

SADJNE KULTURE IN KIS

46. Gojeni pikantni breskov čatni

SESTAVINE:
- ½ majhne čebule, sesekljane (približno ⅓ skodelice sesekljane) in dušene
- 2 srednji breskvi, brez koščic in grobo narezani
- ½ čajne žličke nerafinirane morske soli
- Ščepec črnega popra
- ⅛ čajne žličke nageljnovih žbic
- ¼ čajne žličke kurkume v prahu
- ½ čajne žličke mletega koriandra
- ½ čajne žličke cimeta
- 1 kajenski poper, posušen in zdrobljen
- 3 žlice sirotke, 2 probiotični kapsuli ali ½ čajne žličke probiotičnega prahu

NAVODILA:
d) Združite vse sestavine v skledo; če uporabljate probiotične kapsule, vsebino izpraznite v sadno mešanico in zavrzite prazne ovojnice kapsul.
e) Mešajte, dokler ni dobro premešano. Zmes vlijemo v pollitrski zidan kozarec s pokrovom, pokrijemo in pustimo na sobni temperaturi približno dvanajst ur.
f) Hladimo, kjer naj zdrži približno štiri dni.

47.Sladke vanilijeve breskve

SESTAVINE:
- 5 srednje velikih breskev, izkoščičenih in grobo narezanih (približno 5 skodelic narezanih)
- ½ čajne žličke vanilije v prahu
- ½ čajne žličke kardamoma v prahu (neobvezno)
- 1 žlica čistega javorjevega sirupa
- 2 žlici sirotke

NAVODILA:
a) V veliki skledi združite vse sestavine in dobro premešajte. Zajemite mešanico v 1-litrski zidani kozarec, pokrijte in pustite stati dvanajst ur.
b) Hladimo, kjer naj zdrži štiri dni.

48.Crabapple kis

SESTAVINE:
- ½ skodelice kokosovega sladkorja
- 1 liter (ali liter) filtrirane vode
- Približno 2 funta rakovic

NAVODILA:
a) V vrču ali veliki merilni skodelici zmešajte sladkor in vodo ter po potrebi premešajte, da se sladkor raztopi.
b) Crabaples postavite v temeljito očiščen 1-litrski kozarec s širokim ustjem, pri čemer pustite približno 1 cm na vrhu kozarca. Raztopino sladkorja in vode prelijte čez rakovice, pri čemer pustite približno ¾ palca na vrhu kozarca. Rakovice bodo lebdele na vrhu in nekatere ne bodo potopljene, vendar je to v redu.
c) Odprtino pokrijte z nekaj plastmi čiste gaze in pritrdite elastični trak okoli ustja kozarca ali lončka, da bo gaza držala na mestu.
d) Vsak dan odstranite gazo in premešajte, da so rakovice prekrite z raztopino sladkorja in vode, ko končate, pa ponovno pokrijte z gazo. To je treba storiti vsak dan, da jabolka med fermentacijo ne splesnijo.
e) Po dveh tednih odcedite rakovice in prihranite tekočino; rakovice lahko dodate svojemu kompostu. Tekočino nalijte v steklenico in zaprite s tesnim pokrovom ali zamaškom. Kis se obdrži približno eno leto.

49.Jabolčni kis

SESTAVINE:
½ skodelice kokosovega sladkorja
1 liter filtrirane vode
Priložena so 4 jabolka, sredice in lupine

NAVODILA:
a) V vrču ali veliki merilni skodelici zmešajte sladkor in vodo ter po potrebi premešajte, da se sladkor raztopi.
b) Jabolka narežemo na četrtine, nato pa vsak kos razpolovimo. Koščke jabolk, sredice in lupine vred položite v 1- do 2-litrski kozarec ali lonec, pri čemer pustite približno 1 do 2 cm na vrhu kozarca.
c) Raztopino sladkorja in vode prelijte čez jabolka, pri čemer pustite približno ¾ palca na vrhu kozarca. Jabolka bodo lebdela na vrhu in nekatera ne bodo potopljena, vendar je to v redu.
d) Odprtino pokrijte z nekaj plastmi čiste gaze in pritrdite elastični trak okoli ustja kozarca ali lončka, da bo gaza držala na mestu.
e) Vsak dan odstranite gazo in premešajte, da jabolka prekrijete z raztopino sladkorja in vode, ko končate, jih ponovno pokrijte z gazo. Vsak dan morate zagotoviti, da jabolka med postopkom fermentacije ne splesnijo.
f) Po dveh tednih odcedite jabolka in prihranite tekočino; jabolka lahko dodate v svoj kompost. Tekočino nalijte v steklenico in zaprite s tesnim pokrovom ali zamaškom. Kis se obdrži približno eno leto.
g) Potisnite jih skozi električni sokovnik, da naredite jabolčni sok. Če nimate sokovnika, jabolka preprosto narežite na četrtine in jih pretlačite v kuhinjski robot, nato pa jabolčno kašo potisnite skozi sito, obloženo z muslinom, ali vrečko iz muslina, da odstranite vlakna iz soka.
h) Sok nalijte v čiste, temne steklene vrče ali steklenice, ne da bi jih poprli. Vrhove pokrijte z nekaj plastmi gaze in jih pritrdite z elastičnim trakom.
i) Steklenice ali kozarce hranite na hladnem in temnem mestu od treh tednov do šestih mesecev.

50. Ananasov kis

SESTAVINE:
- ½ skodelice kokosovega sladkorja
- 1 liter filtrirane vode
- 1 srednje velik ananas

NAVODILA:
a) V vrču ali veliki merilni skodelici zmešajte sladkor in vodo ter po potrebi premešajte, da se sladkor raztopi.
b) Ananasu odstranite kožo in sredico. Meso sadja odložite za drugo uporabo. Kožo in sredico grobo sesekljajte. Ostanke ananasa postavite v 1- do 2-litrski kozarec ali lonec, tako da pustite približno 1 do 2 palca na vrhu kozarca.
c) Ananasove lupine in sredico prelijte z raztopino sladkorja in vode, pri čemer pustite približno ¾ palca na vrhu kozarca. Kosi bodo lebdeli na vrhu, nekateri pa ne bodo potopljeni, vendar je to v redu.
d) Odprtino pokrijte z nekaj plastmi čiste gaze in pritrdite elastični trak okoli ustja kozarca ali lončka, da bo gaza držala na mestu.
e) Vsak dan odstranite gazo in premešajte, da prekrijete koščke ananasa z raztopino sladkorja in vode. Vsak dan morate zagotoviti, da koščki ananasa med postopkom fermentacije ne splesnijo.
f) Po dveh tednih odcedite koščke ananasa in prihranite tekočino; ananas lahko dodate svojemu kompostu. Tekočino nalijte v steklenico in zaprite s tesnim pokrovom ali zamaškom. Kis se obdrži približno eno leto.

FERMENTIRANE SADNE KUMACE

51.Začinjene figove kumarice

SESTAVINE:
- 2 skodelici svežih fig, prepolovljenih
- ½ skodelice balzamičnega kisa
- ¼ skodelice medu
- 1 čajna žlička gorčičnih semen
- ½ čajne žličke črnega popra
- ½ čajne žličke cimeta
- Ščepec soli

NAVODILA:
a) V ponvi zmešajte balzamični kis, med, gorčična semena, črni poper, cimet in ščepec soli. Dušimo toliko časa, da se zmes rahlo zgosti.
b) V ponev dodamo razpolovljene fige in kuhamo toliko časa, da se fige zmehčajo.
c) Pustite, da se začinjena figa ohladi, preden jo preložite v čiste kozarce. Zapremo in ohladimo.
d) Ta kisla kumarica je odličen dodatek k solatam, lahko pa jo postrežete poleg pečenega mesa.

52. Slivove in ingverjeve kumarice

SESTAVINE:
- 2 skodelici sliv, izkoščičenih in razpolovljenih
- ½ skodelice jabolčnega kisa
- ¼ skodelice rjavega sladkorja
- 1 žlica svežega naribanega ingverja
- 1 čajna žlička gorčičnih semen
- ½ čajne žličke koriandrovih semen
- Ščepec soli

NAVODILA:
a) V ponvi zmešajte jabolčni kis, rjavi sladkor, nariban ingver, gorčična semena, koriandrova semena in ščepec soli. Dušimo toliko časa, da se sladkor raztopi.
b) V ponev dodamo razpolovljene slive in kuhamo toliko časa, da se slive zmehčajo.
c) Pustite, da se kumarica iz sliv in ingverja ohladi, preden jo preložite v čiste kozarce. Zapremo in ohladimo.
d) Ta kisla kumarica je čudovita začimba za meso na žaru ali pa jo lahko uživate s sirom in krekerji.

53.Češnja in mandlji

SESTAVINE:
- 2 skodelici svežih češenj, izkoščičenih in razpolovljenih
- ½ skodelice rdečega vinskega kisa
- ¼ skodelice mandljevih rezin
- 2 žlici sladkorja
- ½ čajne žličke vanilijevega ekstrakta
- Ščepec soli

NAVODILA:
a) V ponvi zmešajte rdeči vinski kis, rezine mandljev, sladkor, vanilijev ekstrakt in ščepec soli. Segrevamo toliko časa, da se sladkor raztopi.
b) V ponev dodamo izkoščičene in razpolovljene sveže češnje in kuhamo toliko časa, da se češnje zmehčajo.
c) Češnjevo mandljevo kislo kumaro ohladimo, preden jo preložimo v čiste kozarce. Zapremo in ohladimo.
d) Ta kisla kumarica je edinstven dodatek k solatam ali pa jo lahko postrežemo k sladicam, kot je vanilijev sladoled.

54. Breskev, hruška in češnja Kisle kumarice

SESTAVINE:
- 3 funte breskev
- 3 funte hrušk , olupljenih , razpolovljenih , sredice in narezanih na kocke
- 1 ½ funta premalo zrelega zelenega grozdja brez pečk
- 10-unčni kozarec češenj maraskino
- 3 skodelice sladkorja
- 4 skodelice vode

NAVODILA:
a) Grozdje potopite v raztopino askorbinske kisline .
b) Dip breskve v vreli vodi 1 minuto, da se lupine zrahljajo.
c) Odlepite kože. Prerežite na pol, kocko in hranimo v raztopini z grozdjem.
d) Dodajte hruške .
e) Mešano sadje odcedimo.
f) V kozici zavremo sladkor in vodo . V vsak vroč kozarec dodajte ½ skodelice vročega sirupa
g) Nato dodajte nekaj češenj in nežno napolnite kozarec z mešanim sadjem in še vročim sirupom.
h) Pustite ½ palca prostora .
i) Spustite zračne mehurčke.
j) Kozarce dobro zapremo, nato pa 5 minut segrevamo v vodni kopeli.

55.Sladko in pikantno Marelične kumarice

SESTAVINE:
- 350 g suhih marelic
- 1 čajna žlička nageljnovih žbic
- 2 lovorjeva lista
- 1 posušen čili
- 1 majhna cimetova palčka
- 250 ml šerijevega kisa
- 2-3 žlice čistega tekočega medu

NAVODILA:
a) Sterilizirajte velik kozarec s širokim grlom tako, da ga operete v vroči vodi z milom, dobro sperete in sušite 20 minut v zmerni pečici ali pa ga operete v vročem pomivalnem stroju, če je na voljo. Ne pozabite storiti enako za pokrov, če je ločen.
b) V kozarec zložimo marelice in dodamo cimetovo palčko, nageljnove žbice, lovorjev list in posušen čili poper.
c) Kis skupaj z medom segrevajte, dokler ne zavre, vendar ne pustite, da zavre – samo nekaj mehurčkov, ki počijo okoli robov ponve. Kuhajte 10 minut, nato odstavite z ognja.
d) Sadje v kozarcu prelijte z mešanico kisa in medu, tako da so vse marelice popolnoma prekrite. Po potrebi dodajte še kis, tako da ga prelijete na vrh.
e) Kozarec zaprite s pokrovom in ga postavite na hladno in temno mesto za 2 tedna, da se okusi razvijejo.
f) Vložene marelice so neodprte shranjene 6 mesecev. Po odprtju jih hranite v hladilniku in porabite v enem mesecu.

56.Avokado kumarice

SESTAVINE:
- 1 skodelica destiliranega belega kisa
- 1 skodelica vode
- ⅓ skodelice sladkorja
- 1 žlica košer soli
- 1 čajna žlička zdrobljenih kosmičev rdeče paprike ali rdeče paprike
- 1 strok česna, narezan na tanke rezine
- 5 vejic cilantra
- 2 premalo zrela avokada, olupljena in na tanke rezine narezana

NAVODILA:
a) V majhni ponvi na srednjem ognju zmešajte kis, vodo, sladkor in sol. Med pogostim mešanjem zavremo. Ko se sladkor in sol raztopita, odstavite, da se ohladi.
b) V zidan kozarec dajte kosmiče rdeče paprike, česen, koriander in rezine avokada. Ohlajeno zmes za vlaganje vlijemo v kozarec in dobro zapremo s pokrovom.
c) Pred serviranjem hladite vsaj 3 ure.

57.Vložene višnje

SESTAVINE:
- 4 skodelice izkoščičenih višenj
- ¾ skodelice belega kisa
- ½ skodelice sladkorja
- ¼ skodelice vode
- 1 žlica košer soli
- 6-7 strokov kardamoma, rahlo zdrobljenih

NAVODILA:
a) Izkoščičene češnje naložimo v čiste kozarce.
b) V majhnem loncu zmešajte kis, sladkor, vodo, sol in zdrobljene stroke kardamoma. Zavremo in segrevamo, dokler se sladkor popolnoma ne raztopi. Češnje prelijemo s slanico.
c) Pustite, da se mešanica popolnoma ohladi, kozarce dobro pokrijte in ohladite.
d) Pripravljeni za postrežbo po 24 urah v hladilniku, okus se poglablja, ko dlje stojijo.

58. Brusnične pomarančne kumarice

SESTAVINE:
- 2 skodelici svežih brusnic
- 1 skodelica pomarančne lupine, narezane na tanke rezine
- 1 skodelica sladkorja
- 1 skodelica belega kisa
- 1 čajna žlička cimeta
- ½ čajne žličke nageljnovih žbic
- Ščepec soli

NAVODILA:
a) V ponvi zmešajte sladkor, beli kis, cimet, nageljnove žbice in ščepec soli. Pustimo vreti toliko časa, da se sladkor raztopi.
b) V ponev dodamo sveže brusnice in na tanke rezine narezano pomarančno lupinico. Kuhamo toliko časa, da brusnice popokajo in se zmes zgosti.
c) Pustite, da se brusnično pomarančna kumarica ohladi, preden jo preložite v čiste kozarce. Zapremo in ohladimo.
d) Ta kisla kumarica je praznični dodatek k prazničnim jedem in se odlično poda k perutninskim jedem.

59.Začinjena pomarančna kumarica

SESTAVINE:
- 1,4 kg (približno 4 velike) pomaranče
- 1 čajna žlička soli
- 400 g sladkorja v prahu
- 2½ žlici zlatega sirupa
- 185 ml (¾ skodelice) belega vinskega kisa
- 125 ml (½ skodelice) svežega pomarančnega soka
- 6 rezin svežega ingverja
- 1 čajna žlička zdrobljenega črnega popra
- 1 cimetova palčka
- 1 čajna žlička celih nageljnovih žbic

NAVODILA:
a) Pomaranče in sol dajte v veliko ponev in prelijte s hladno vodo.
b) Na pomaranče položite krožnik, da ostanejo potopljeni.
c) Pustite vreti na srednje nizkem ognju. Kuhajte 40 minut oziroma dokler se pomaranče ne zmehčajo. Odtok. Odstavimo, da se ohladi. Pomaranče prerežite na pol in jih prečno narežite na tanke rezine.
d) V veliki ponvi na zmernem ognju mešajte sladkor, zlati sirup, kis, pomarančni sok, ingver, poprova zrna, cimetovo palčko in nageljnove žbice, dokler se sladkor ne raztopi.
e) Dodajte pomaranče. Zavremo. Zmanjšajte toploto na nizko. Kuhajte 20 minut.
f) Prenesite v sterilizirane kozarce in zaprite. Preden odprete, hranite na hladnem, temnem mestu ali v hladilniku vsaj 3 tedne, da se okusi razvijejo.

60.Kisla kumarica z limonino baziliko

SESTAVINE:
- 2 skodelici limone, narezane na tanke rezine
- ½ skodelice svežih listov bazilike, sesekljanih
- ¼ skodelice belega vinskega kisa
- 2 žlici sladkorja
- 1 čajna žlička črnega popra v zrnu
- Ščepec soli

NAVODILA:
a) V skledi zmešajte na tanke rezine narezane limone, sesekljano svežo baziliko, beli vinski kis, sladkor, črni poper v zrnu in ščepec soli.
b) Sestavine premešajte, dokler niso rezine limone dobro prekrite z mešanico kisa.
c) Pustite, da se kumarica z limonino baziliko marinira vsaj eno uro, preden jo prestavite v čiste kozarce. Zapremo in ohladimo.
d) Ta kisla kumarica doda solatam kanček citrusov in zeliščnih okusov ali pa jo lahko uporabite kot okras za morske jedi.

61.Kisla kumarica Citrus Ingver

SESTAVINE:
- 1 skodelica pomarančnih rezin, olupljenih
- 1 skodelica olupljenih krhljev grenivke
- 1 žlica svežega ingverja, drobno naribanega
- ¼ skodelice belega vinskega kisa
- ¼ skodelice sladkorja
- ½ čajne žličke kardamoma
- Ščepec soli

NAVODILA:
a) V skledi zmešajte krhlje pomaranče, krhlje grenivke in drobno nariban ingver.
b) V kozici segrejte beli vinski kis, sladkor, kardamom in ščepec soli. Mešajte, dokler se sladkor ne raztopi.
c) Vročo mešanico kisa prelijte čez mešanico citrusov in ingverja. Dobro premešaj.
d) Pustite, da se kumarica citrusov in ingverja ohladi, preden jo preložite v čiste kozarce. Zapremo in ohladimo.
e) Ta kisla kumarica je osvežujoč dodatek k solatam, lahko pa jo postrežemo k piščancu ali ribam na žaru.

62. Medeno-limetina mango kisla kumarica

SESTAVINE:
- 2 skodelici zrelega manga, narezanega na kocke
- ¼ skodelice limetinega soka
- 2 žlici medu
- 1 čajna žlička čilija v prahu
- ½ čajne žličke kumine
- Ščepec soli

NAVODILA:
a) V skledi zmešajte na kocke narezan zrel mango, limetin sok, med, čili v prahu, kumino in ščepec soli.
b) Mešajte sestavine, dokler ni mango dobro prekrit z mešanico medu in limete.
c) Pustite, da se medeno-limetina mangova kumarica marinira vsaj eno uro, preden jo prestavite v čiste kozarce. Zapremo in ohladimo.
d) Ta sladka in pikantna kisla kumarica je čudovita priloga mesu na žaru ali pa jo uživate samostojno.

63. Yuzu vložen daikon

SESTAVINE:
- 30 ml soka yuzu
- 30 ml sojine omake
- 6 ml mirina
- ¼ daikon (japonska redkev)
- ¼ čajne žličke soli
- ½ čajne žličke sladkorja
- ¼ čajne žličke sezamovega olja
- Zdrobljeni kosmiči rdeče paprike (po želji preliv)

NAVODILA:
a) V skledi zmešajte sok yuzu, sojino omako in mirin. Če uporabljate nadomestni sok citrusov, zagotovite, da skupna količina ostane 30 ml.
b) Olupite daikon in ga narežite na približno ¼ palca debele rezine.
c) V ločeni skledi zmešajte sol z rezinami daikona. Dobro premešajte in pustite stati 10 minut.
d) Po 10 minutah iz soljenega daikona iztisnite vodo.
e) V posodi za mešanje zmešajte stisnjen daikon s pripravljeno omako iz 1. koraka, sladkorjem, sezamovim oljem in po želji kančkom zdrobljenih kosmičev rdeče paprike.
f) Mešanico pustite stati 30 minut, da se okusi stopijo.
g) Po mariniranju vloženi daikon yuzu postrezite kot okusno in osvežilno prilogo.

64. Grenivkina kisla kumarica

SESTAVINE:
- 1 sesekljana grenivka
- 1 žlica soli
- ½ čajne žličke kurkume v prahu
- Sok 1 velike limone
- 2 žlički rdečega čilija v prahu

KALJENJE:
- 8 žličk sezamovega olja
- 1 čajna žlička gorčice
- ½ čajne žličke asafetide
- 2 narezana stroka česna

NAVODILA:
a) V kozarcu zmešajte sol, limetin sok, sesekljano grenivko, kurkumo v prahu in rdeči čili v prahu. Pustite, da se marinira ves dan.
b) Naslednji dan v ponvi segrejemo sezamovo olje, dodamo gorčico, asafetido in narezan česen za temperiranje. Naj se ohladi.
c) Umirjene sestavine temeljito premešajte z mešanico grenivke.
d) Kumarico shranimo v hladilniku.
e) Ta grenivkina kisla kumarica se odlično ujema s skuto.

65.Vložene mandarine

SESTAVINE:
- ½ skodelice vode
- 10 mandarin
- ½ skodelice sladkorja
- ½ čajne žličke soli
- Kanček kisa

NAVODILA:
a) Mandarine temeljito operemo in rahlo blanširamo v vreli vodi s kančkom kisa.
b) Blanširane mandarine popolnoma odcedimo in na tanko narežemo.
c) V loncu zmešajte sladkor in vodo ter mešanico kuhajte, dokler se sladkor ne raztopi.
d) V lonec dodamo narezane mandarine in pustimo vreti približno 5 minut. Nato dodamo sol in ponovno zavremo.
e) Pustite, da se mešanica popolnoma ohladi, nato pa jo skupaj s tekočino shranite v nepredušno posodo.
f) Uživajte v domačih vloženih mandarinah skozi vse leto! Lahko jih okusimo same ali pa jih uporabimo kot okusen dodatek mandarininemu čaju ali kot vsestransko uporabno omako ali preliv za različne jedi.

66. Vloženi kumkvati

SESTAVINE:
- 1 funt kumkvata
- 1 ½ skodelice belega kisa
- ½ skodelice granuliranega belega sladkorja
- 1 čajna žlička soli za vlaganje
- 6 poprovih zrn
- 6 celih nageljnovih žbic
- 2 stroka kardamoma
- 1 zvezdasti janež
- 1 tanka rezina svežega ingverja

NAVODILA:
a) Kumkvate operite in preglejte, ali so mehke pike. Odrežite konec stebla in jih prerežite na pol ter odstranite vsa vidna semena.
b) Razpolovljene kumkvate damo v manjšo ponev in jih prelijemo s hladno vodo. Zavremo in nato ugasnemo ogenj. Kumkvate pustite stati 5 minut, nato jih odcedite.
c) V isti ponvi zmešajte kis, sladkor in sol.
d) Začimbe zložite v gazo ali uporabite kuhalnik za čaj in jih dodajte v lonec s kisom in sladkorjem. Mešanico zavremo.
e) Ko zavre, dodamo zmehčane kumkvate in pustimo vreti 1 do 2 minuti.
f) Odstavite lonec z ognja in s pomočjo lija prenesite kumkvate in tekočino v pripravljene kozarce.
g) Pri kozarcih, ki so stabilni na policah, obrišite robove, namestite pokrove in obročke ter 10 minut kuhajte v posodi z vrelo vodo.
h) Če jo pripravljate kot kumarico za hladilnik, pustite, da se kozarci dobro ohladijo in jih nato shranite v hladilniku. Kisle kumarice pred uživanjem pustite počivati 24 ur.
i) Kisle kumarice v hladilniku se obdržijo od 4 do 6 tednov, neodprte predelane kumarice pa lahko na polici hranite do enega leta. Uživajte v domačih vloženih kumkvatih!

67. Citronska kumarica

SESTAVINE:
- 5 majhnih citronov (velikih pomaranč)
- ¼ skodelice zvrhane kristalne soli ali morske soli
- 13-15 suhih rdečih čilijev
- ½ čajne žličke semen piskavice
- ⅛ čajne žličke asafoetide
- 100 ml olja Gingelly
- 1 žlica gorčičnih semen

NAVODILA:

a) Citron operite in temeljito osušite, pri čemer pazite, da v koži ni vode.
b) Citron narežite na rezine in med postopkom odstranite vsa semena.
c) Uporabite posodo s tesnim pokrovom, po možnosti keramično ali porcelansko. Dodajte rezine citrona v skledo.
d) Zmešajte morsko/kameno/kristalno sol in zagotovite, da so vse sestavine dobro premešane.
e) Posodo pokrijemo in pustimo na stran 3-4 dni. Vsebino dvakrat na dan z ustreznimi presledki dobro premešajte, da se sol dobro premeša s citronom.
f) Po 3-4 dneh se bodo rezine citrona zmehčale in izpustil bo sok. Če do 4. dne ni mehka, podaljšajte čas namakanja še za en dan.
g) Posušite semena grške seme in suh rdeči čili, pri čemer pazite, da se triplata ne zažge. Proti koncu dodamo še asafetido in pustimo, da se ohladi na sobno temperaturo.
h) Ko se ohladijo, pražene začimbe zmeljemo v prah in dodamo citronu.
i) V ponvi segrejte gingelly olje. Ko je vroče, dodajte gorčična semena in pustite, da zabrusijo. Ugasnite ogenj in pustite, da se olje ohladi na sobno temperaturo.
j) Ko se ohladi, prelijte to začinjeno olje čez mešanico citrona. Dobro premešaj.
k) Kumarica je zdaj pripravljena. Shranjujte v sterilizirani steklenički.
l) Ko kumarica sedi, bo sok postopoma izcejal iz citrona. Sčasoma bo kumarica postala mehka in okusna. Končni rezultat bo imel več mesa in soka, kot je prikazano na priloženih slikah.
m) Uživajte v domači kumarici Citron!

68.Cantaloupe kumarice

SESTAVINE:
- 5 funtov 1-palčnih kock melone
- 1 čajna žlička zdrobljenih kosmičev rdeče paprike
- 2 cimetovi palčki
- 2 žlički mletih nageljnovih žbic
- 1 čajna žlička mletega ingverja
- 4 ½ skodelice jabolčnika 5% kisa
- 2 skodelici vode
- 1 ½ skodelice belega sladkorja
- 1 ½ skodelice rjavega sladkorja

NAVODILA:
a) dajte melono, poprove kosmiče, cimetove palčke, nageljnove žbice in ingver.
b) V loncu zmešajte kis in vodo. Zavremo .
c) Dodajte vrečko začimb in namočite 5 minut, občasno premikajte .
d) Prelijemo čez koščke melone v skledi.
e) Ohladite čez noč .
f) Naslednji dan nalijemo raztopino kisa v ponev; zavrite na pari .
g) Dodajte sladkor in melono ter ponovno zavrite.
h) Kuhano , približno 1 do ¼ ure. Dati na stran.
i) Preostalo tekočino naj vre še 5 minut.
j) Dodajte melono in ponovno zavrite.
k) Zalijte kos v vroče pollitrske kozarce, pri čemer pustite 1 cm prostora .
l) Prelijte z vrelim sirupom in pustite ½ palca prostora .
m) Spustite zračne mehurčke.
n) Kozarce dobro zapremo, nato pa 5 minut segrevamo v vodni kopeli.

69.Vložena lubenica

SESTAVINE:
- 1 skodelica belega kisa
- ½ skodelice riževega kisa
- 1 ½ skodelice vode
- ½ skodelice sladkorja
- 3-palčni kos ingverja, zlomljen
- 2 cimetovi palčki, zlomljeni
- 1 žlica soli za vlaganje
- 1 čajna žlička črnega popra v zrnu
- 1 čajna žlička nageljnovih žbic
- 3 skodelice lubeničnih lupin, odstranjene zelene lupine in narezane na 2-palčne kose
- 1 jalapeño poper, narezan (neobvezno)

NAVODILA:
a) V veliki ponvi na srednjem ognju raztopite sladkor v belem kisu, riževem kisu in vodi. Vmešajte ingver, cimet, sol, poper v zrnu in nageljnove žbice ter mešanico zavrite.
b) Dodamo lubenične lupine in dušimo 5 minut oziroma dokler se ne zmehčajo. Odstranite z ognja in pustite, da se ohladi 30 minut.
c) Če uporabljate, razdelite rezine jalapeña med 2 (16 unč) steklena kozarca s pokrovi.
d) Ko se mešanica 30 minut ohlaja, razdelite lubenice in tekočino za vlaganje med kozarce.
e) Pokrijte in hranite v hladilniku do 2 tedna. Za optimalen okus ohladite vsaj 24 ur, preden postrežete.

70. Vložena medena rosa z zelišči

SESTAVINE:
- 1 velika, zrela zelena medena rosa (približno 6 funtov)
- 1 skodelica destiliranega belega kisa
- ½ skodelice sladkorja
- 1 do 2 pekoči rdeči čili papriki, brez semen in drobno narezani
- Predlagani prelivi: sesekljani soljeni arašidi in natrgani listi svežega cilantra, bazilike ali mete ali mešanica

NAVODILA:
a) Medeno roso prerežite na pol in eno polovico prihranite za drugo uporabo. Odstranite skorjo in narežite na 3 rezine, nato prerežite na rezine, da ustvarite ½-palčne debele trikotnike, tako da dobite približno 6 skodelic.
b) Sadje položite v plastično vrečko, ki jo je mogoče ponovno zapreti.
c) V majhni ponvi zmešajte kis, sladkor in sesekljan čili . Zavremo, občasno premešamo in pustimo vreti približno 30 sekund.
d) Prenesite v majhno skledo, dodajte 1 skodelico ledu in premešajte. Ko je mešanica mlačna, jo prelijte po meloni, vrečko zaprite in iztisnite zrak.
e) Vrečko položite v plitvo posodo in pustite na hladnem vsaj 4 ure in celo noč, po približno 2 urah pa vrečko obrnite.
f) Melono odstranite iz slanice, otresite odvečno tekočino in položite na krožnik. Po želji po vrhu potresemo sesekljane arašide in zelišča ter postrežemo.

71.Vložena melona Galia

SESTAVINE:
- ½ melone Galia , ki ji odstranimo lupino in semena, narežemo na tanke rezine
- 2 žlici belega vinskega kisa
- ½ čajne žličke košer soli
- ¼ čajne žličke sveže mletega črnega popra in več

NAVODILA:
a) V veliki skledi zmešajte beli vinski kis, košer sol, ¼ čajne žličke popra in 2 žlici vode.
b) Mešanici dodajte narezano melono Galia in premešajte, da se dobro prekrije.
c) Pokrijte skledo in pustite, da se melona kisa v hladilniku vsaj 30 minut ali celo noč.
d) Pred serviranjem po okusu potresemo še s sveže mletim črnim poprom.

72. Vložena lubenica in koper

SESTAVINE:
- 1 3-4 funte lubenice
- ½ šopka kopra, stebla na
- 4-5 strokov česna, olupljenih
- 3-4 lovorjev listi (če so sveži)
- 2 majhna čilija Serrano (ali 1 jalapeno), prepolovljena
- 6 skodelic filtrirane vode
- ¼ skodelice košer soli
- ¼ skodelice sladkorja
- 2 žlici belega ali jabolčnega kisa
- 1 žlica popra v zrnu

NAVODILA:
a) Lubenico temeljito operemo in narežemo na želene rezine, debele približno ¾-1" in narežemo na majhne trikotnike s še skorjo.
b) V velik stekleni kozarec ali keramično posodo dajte koper, česen, nekaj lovorovih listov in na dno čili Serrano. Na vrh položimo narezano lubenico. Po potrebi te sestavine razdelite po kozarcih, tako da na dno vsakega kozarca položite aromatične snovi.
c) V srednje velikem loncu zmešajte vodo, sol, sladkor, kis in poprova zrna. Pustite vreti in segrevajte, dokler se sol in sladkor ravno ne raztopita. S tekočino prelijemo lubenico v kozarcu(ih). Po želji potresemo s preostalimi lovorjevimi listi in dodatnim koprom. Če lubenica lebdi nad tekočino, jo obtežite tako, da v kozarec postavite majhen krožnik z nečim težkim na vrhu.
d) Pustite, da se mešanica popolnoma ohladi, nato pa jo ohladite. Lubenica je pripravljena za postrežbo po 24 urah, vendar za najboljši okus počakajte 3-4 dni, preden jo postrežete.

73.Kool-Aid kumarice iz lubenic

SESTAVINE:
- 2-½ skodelice lubenice
- 1-½ skodelice Tropical Punch Kool-Aid, pripravljene po navodilih za pakiranje
- 2 rezini svežega ingverja, debeli ¼ palca
- 4 čajne žličke košer soli
- ¼ čajne žličke rdeče paprike
- 1 čajna žlička pimentovih jagod

NAVODILA:
a) Lubenico temeljito operemo in osušimo.
b) Z lupilcem zelenjave odstranite vso zunanjo (zeleno) kožo.
c) Lubenici odrežemo zgornji in spodnji del. Lubenico narežemo na četrtine in jih položimo s skorjo navzdol.
d) Odrežite skorjo in pustite približno ½ palca mesa pritrjenega.
e) Rezine skorje obrnite z mesom navzdol. Po dolžini jih razpolovite, nato pa na vodoravne rezine debeline ¼ palca do ½ palca. Na koncu narežite na 1-palčne kose.
f) V srednje velikem loncu zavremo vse sestavine (razen lubenice).
g) V ločeni posodi z vročo tekočino prelijemo lubenično lupino, tako da je skorja popolnoma potopljena.
h) Pustite, da se ohladi na sobno temperaturo.
i) Posodo pokrijemo in prestavimo v hladilnik.
j) Shranjujte do 1 meseca.

74. Borovničeva meta

SESTAVINE:
- 2 skodelici svežih borovnic
- ½ skodelice jabolčnega kisa
- ¼ skodelice medu
- ¼ skodelice svežih listov mete, sesekljanih
- ½ čajne žličke cimeta
- Ščepec soli

NAVODILA:
a) V ponvi zmešajte jabolčni kis, med, sesekljane liste mete, cimet in ščepec soli. Segrevajte, dokler se med ne raztopi.
b) V ponev dodamo sveže borovnice in dušimo, da se jagode rahlo zmehčajo.
c) Pustite borovničevo meto, da se ohladi, preden jo preložite v čiste kozarce. Zapremo in ohladimo.
d) Ta kisla kumarica je odličen dodatek k jogurtu in sladicam, lahko pa jo postrežete tudi kot začimbo k mesu na žaru.

75. Malina balzamična kisla kumarica

SESTAVINE:
- 2 skodelici svežih malin
- ½ skodelice balzamičnega kisa
- ¼ skodelice medu
- 1 čajna žlička črnega popra
- Ščepec soli

NAVODILA:

a) V ponvi zmešajte balzamični kis, med, črni poper in ščepec soli. Segrevamo toliko časa, da se zmes nekoliko zgosti.
b) V ponev dodamo sveže maline in kuhamo, dokler maline ne razpadejo in zmes ne dobi marmelade.
c) Malinovo balzamiko pustite, da se ohladi, preden jo preložite v čiste kozarce. Zapremo in ohladimo.
d) Ta sladka in pikantna kisla kumarica se dobro ujema s sirom ali pa jo lahko uporabite kot preliv za sladice.

76. Vložene jagode

SESTAVINE:
- 2 ½ skodelice belega destiliranega kisa
- 1 ⅓ skodelice vode
- 2 žlici medu
- 2 žlički košer soli
- 1 čajna žlička črnega popra v zrnu
- 4 (2-palčni) trakovi limonine lupine
- 3 skodelice ledenih kock
- 8 skodelic oluščenih in razpolovljenih jagod

NAVODILA:
a) V srednji ponvi na močnem ognju zmešajte beli destilirani kis, vodo, med, košer sol, zrna črnega popra in trakove limonine lupinice.
b) Mešanico zavrite in pogosto mešajte, dokler se med ne raztopi. Pustite vreti 1 minuto.
c) Odstavite ponev z ognja in vanjo vmešajte ledene kocke. Pustite, da se mešanica ohladi 20 minut.
d) Sveže jagode razdelite v 2 (1-litrska) kozarca za konzerviranje ali 4-litrske kozarce.
e) Sadje enakomerno prelijemo z mešanico kisa sobne temperature.
f) Kozarce pokrijte in hranite v hladilniku vsaj 4 ure ali največ 2 dni.

77. Vložene robide

SESTAVINE:
- 350 g robid (sveže nabranih)
- 160 ml rdečega vinskega kisa
- 160 ml vode
- 8 brinovih jagod
- 8 zrn črnega popra
- 2 lovorjeva lista
- 2 x ½ cm velike rezine svežega ingverja
- ½ pomaranče, olupljena lupinica
- 90 g granuliranega sladkorja
- 1 žlica Maldonove soli

NAVODILA:
a) V ponvi zmešajte vse sestavine razen robid. Počasi vremo in segrevamo, dokler se sladkor in sol ne raztopita. Odstranite z ognja in pustite, da se popolnoma ohladi.
b) Robide nežno operite in pustite 15 minut, da se odcedijo.
c) Robide damo v steriliziran steklen kozarec in prelijemo s tekočino za vlaganje. Prepričajte se, da so robide potopljene; po potrebi pritisnite s čisto žlico.
d) Hraniti pri sobni temperaturi nekaj dni. Zdaj so pripravljeni za uporabo.
e) Za daljše shranjevanje hranite v hladilniku 4-6 tednov.

78. Hitro vložene brusnice

SESTAVINE:
- 1 ½ funta svežih brusnic (dve vrečki po 12 unč)
- ¾ skodelice jabolčnega kisa
- ¾ skodelice sladkorja
- 1 cimetova palčka
- ½ skodelice jabolčnega moštnika
- ¼ skodelice sveže iztisnjenega limetinega soka
- 1 čajna žlička ingverja

NAVODILA:

a) Dvolitrske ali četrtlitrske kozarce za shranjevanje vloženih brusnic operemo in osušimo.
b) V veliki ponvi zmešajte brusnice, kis, sladkor in cimetovo palčko ter na zmernem ognju počasi zavrite in mešajte, da se sladkor raztopi.
c) Ogenj zmanjšamo in brusnice dušimo 2-3 minute. (Želite, da se jagode zmehčajo, vendar ohranijo svojo obliko in se ne razcepijo ali počijo.)
d) Z žlico z režami prenesite jagode v kozarec ali kozarce, pri čemer pustite tekočino.
e) Tekočini v loncu dodajte jabolčni moštnik, limetin sok in ingver ter ponovno zavrite. Kuhajte 2-3 minute, dokler se rahlo ne zgosti. Odstranite z ognja.
f) S slanico prelijte brusnice v kozarcu ali kozarcih. Pustite, da se ohladi, preden pokrijete.
g) Ohladite. Za najboljši okus pustite, da se brusnice strdijo nekaj dni, preden jih zaužijete.

79.Vloženi kakiji

SESTAVINE:
- 2 čvrsta, gladka Fuyu kakija
- 1 skodelica jabolčnega ali riževega kisa (ali kombinacije obojega)
- 1 cm svežega ingverja, naribanega
- 3 žlice sladkorja
- 1 čajna žlička košer soli
- 2 velika ščepca kosmičev rdeče paprike

NAVODILA:

a) Kakijem odrežemo konce, jih olupimo in narežemo na kolute (tako dobimo 4 do 5 kolutov na kaki). Vsak disk razdelite na četrtine. Rezine zapakirajte v čist 16-unč zidan kozarec s pokrovom.

b) Pripravite slanico: V majhni kozici zavrite vse ostale sestavine. Odstranite ponev z ognja.

c) Kakije v zidanem kozarcu prelijte s slanico, privijte pokrov in ohladite. Vloženi kakiji bodo pripravljeni za uživanje po enem dnevu, njihov okus pa se bo razvijal in krepil čez en teden ali dlje. Uživajte!

80. Vložena granatna jabolka in kumare

SESTAVINE:
- ½ skodelice jabolčnega kisa
- 1 žlica agavinega sirupa
- ¼ čajne žličke fine morske soli
- 1 čajna žlička zdrobljenih celih koriandrovih semen
- 1 vejica svežega rožmarina
- ½ skodelice na tanko narezane rdeče čebule
- ¾ skodelice angleške kumare, narezane na ¼ palca x 1 palca velike palčke
- ½ skodelice narezanega koromača
- 1 skodelica POM granatnega jabolka Arils

NAVODILA:
a) V posodi za mešanje zmešajte jabolčni kis, agavin sirup, sol, zdrobljena semena koriandra in rožmarin. Mešajte mešanico, rožmarin rahlo zdrobite z žlico.
b) Dodajte zelenjavo in POM granatno jabolko v skledo ter premešajte, da jih prekrijete s tekočino za vlaganje. Mešanico pustite stati 15 do 20 minut in občasno premešajte.
c) Vloženo mešanico lahko hranite v hladilniku do enega tedna. Postrezite ga s krekerji ali krostini skupaj s sirom.

81. Minty Boozy vložene jagode

SESTAVINE:
- 3 skodelice mešanega jagodičevja (jagode, borovnice, maline)
- 1 skodelica belega vinskega kisa
- 1 skodelica vode
- ½ skodelice medu
- ¼ skodelice svežih listov mete
- 1 čajna žlička črnega popra v zrnu
- ½ čajne žličke soli
- ½ skodelice 80-100 proof temnega ruma, žganja ali vodke

NAVODILA:
a) V ponvi zmešajte beli vinski kis, vodo, med, metine liste, poper v zrnu in sol.
b) Zavremo in mešamo, dokler se med ne raztopi.
c) V vrelo zmes dodamo zmiksano jagodičevje. Zmanjšajte ogenj in kuhajte 3-5 minut, dokler se jagode rahlo ne zmehčajo.
d) Odstavite ponev z ognja in pustite, da se ohladi na sobno temperaturo.
e) Ko se ohladi, vmešajte temni rum, žganje ali vodko po izbiri.
f) Vložene jagode, liste mete in tekočino preložimo v sterilizirane kozarce.
g) Kozarce zaprite in pred serviranjem postavite v hladilnik vsaj 24 ur.

82. Mangova kisla kumarica

SESTAVINE:
- 2 skodelici surovega manga, olupljenega in narezanega na kocke
- ½ skodelice gorčičnega olja
- 1 žlica gorčičnih semen
- 1 čajna žlička semen piskavice
- 1 čajna žlička semen koromača
- 1 čajna žlička kurkume
- 1 žlica rdečega čilija v prahu
- 1 žlica soli
- 1 žlica jaggerja (neobvezno, za sladkost)

NAVODILA:
a) Segrevajte gorčično olje, dokler se ne pokadi, nato pustite, da se nekoliko ohladi.
b) V ponvi na suho prepražimo gorčična semena, semena piskavice in semena komarčka, dokler ne zadišijo. Zmeljemo jih v grob prah.
c) Mlete začimbe v prahu zmešajte s kurkumo, rdečim čilijem v prahu, soljo in jaggerjem .
d) V skledi zmešajte na kocke narezan surov mango z mešanico začimb.
e) Mangovo zmes prelijemo z rahlo ohlajenim gorčičnim oljem in dobro premešamo.
f) Mangovo kislo kumarico preložimo v čiste kozarce, dobro zapremo in pustimo zoreti nekaj dni, preden jo ponudimo.

83. Mango, ananas in papaja

SESTAVINE:
- 1 skodelica manga, narezanega na kocke
- 1 skodelica ananasa, narezanega na kocke
- 1 skodelica papaje, narezane na kocke
- ½ skodelice limetinega soka
- ¼ skodelice medu
- 1 čajna žlička čilija v prahu
- ½ čajne žličke kumine
- Ščepec soli

NAVODILA:
a) V skledi zmešajte na kocke narezan mango, ananas in papajo.
b) V ločeni skledi zmešajte limetin sok, med, čili v prahu, kumino in ščepec soli.
c) Preliv prelijemo čez mešanico tropskega sadja in premešamo, dokler ni dobro prekrita.
d) Pustite, da se kumarica marinira vsaj eno uro, preden jo preložite v čiste kozarce. Zapremo in ohladimo.
e) Ta kisla kumarica iz tropskega sadja je osvežilen dodatek k poletnim solatam, lahko pa jo postrežemo z morskimi sadeži na žaru.

84.Sladke in pikantne ananasove kumarice

SESTAVINE:
- 2 skodelici ananasa, narezanega na kocke
- ½ skodelice belega kisa
- ½ skodelice sladkorja
- 1 čajna žlička gorčičnih semen
- 1 čajna žlička semen koromača
- 1 čajna žlička rdečih čilijevih kosmičev
- ½ čajne žličke kurkume
- ½ čajne žličke črne soli

NAVODILA:
a) V ponvi zmešajte beli kis, sladkor, gorčična semena, semena komarčka, kosmiče rdečega čilija, kurkumo in črno sol. Segrevamo toliko časa, da se sladkor raztopi.
b) V ponev dodamo na kocke narezan ananas in dušimo, da se ananas rahlo zmehča.
c) Pustite, da se sladka in pikantna ananasova kumarica ohladi, preden jo preložite v čiste kozarce. Zapremo in ohladimo.
d) Ta kisla kumarica je okusna priloga mesu na žaru ali pa jo uživate samostojno.

85.Kiwi Jalapeño kisla kumarica

SESTAVINE:
- 2 skodelici kivija, olupljenega in narezanega
- 1-2 jalapeña, narezana (prilagodite glede na začimbne nastavitve)
- ½ skodelice riževega kisa
- ¼ skodelice medu
- 1 čajna žlička črnega sezama
- Ščepec soli

NAVODILA:
a) V skledi zmešajte rižev kis, med, semena črnega sezama in ščepec soli. Mešajte, dokler se dobro ne poveže.
b) V skledo dodajte narezan kivi in jalapeños, pazite, da so prekriti z mešanico kisa.
c) Pustite kivi jalapeño, da se marinira vsaj eno uro, preden jo prestavite v čiste kozarce. Zapremo in ohladimo.
d) Ta kisla kumarica doda sladko in pikantno piko na i solatam ali kot preliv za ribe na žaru.

86.Kisla kumarica Guava Chili

SESTAVINE:
- 2 skodelici zrele guave, narezane na kocke
- ¼ skodelice limetinega soka
- 2 žlici čilija v prahu
- 1 žlica medu
- 1 čajna žlička kumine
- Ščepec soli

NAVODILA:
a) V skledi zmešajte na kocke narezano zrelo guavo, limetin sok, čili v prahu, med, kumino in ščepec soli.
b) Mešajte sestavine, dokler guava ni dobro prekrita z mešanico čilija in limete.
c) Pustite, da se kumarica guava čili marinira vsaj eno uro, preden jo prestavite v čiste kozarce. Zapremo in ohladimo.
d) Ta sladka in pikantna kisla kumarica je edinstven in tropski dodatek k solatam ali pa jo lahko uživate samostojno.

87. Starfruit Ingverjeva kisla kumarica

SESTAVINE:
- 2 skodelici narezanega zvezdastega sadja (karambole).
- ¼ skodelice riževega kisa
- 2 žlici svežega naribanega ingverja
- 1 žlica sladkorja
- 1 čajna žlička črnega sezama
- Ščepec soli

NAVODILA:
a) V skledi zmešajte narezano zvezdasto sadje, rižev kis, nariban ingver, sladkor, semena črnega sezama in ščepec soli.
b) Mešajte sestavine, dokler ni zvezdastega sadja dobro prekrita z mešanico kisa.
c) Pustite, da se kisla kumarica zvezdastega sadja in ingverja marinira vsaj eno uro, preden jo prestavite v čiste kozarce. Zapremo in ohladimo.

88. Vložen zmajev sadež

SESTAVINE:
- 1 skodelica destiliranega belega kisa
- ½ skodelice vode
- 1 žlica začimbe za vlaganje
- 1 žlica košer soli
- 1 zmajev sadež

NAVODILA:
a) V loncu zavrite destiliran beli kis, vodo, začimbo za vlaganje in košer sol.
b) Dragon fruit po dolžini prerežite na pol. Izdolbite pegasto sadje, zavrzite lupino in ga narežite na ¼ palca debele rezine.
c) Rezine zmajevega sadja položite v pollitrski steklen kozarec, ki ga je mogoče ponovno zapreti. Sadje prelijemo s tekočino za vlaganje in poskrbimo, da je popolnoma prekrito.
d) Kozarec zaprite in čez noč postavite v hladilnik. Vložen dragon postrežemo hladnega. Uživajte!

89.Jackfruit Mango kisla kumarica

SESTAVINE:
- 1 kg kruhovca, narezanega na koščke
- 2 srednje velika manga, narezana na majhne koščke
- 50 gramov rdečega čilija v prahu
- ½ čajne žličke kurkume
- 150 gramov soli
- 1 žlica semen koromača
- ½ čajne žličke triplata
- 100 gramov rumene gorčice v prahu
- ½ čajne žličke asafetide
- 300 ml gorčičnega olja
- ⅓ skodelice kisa

NAVODILA:
a) Jackfruit kuhamo 5-7 minut s soljo in ščepcem kurkume. Odlijemo vodo.
b) Delno kuhan kruhovec prenesite v veliko skledo za mešanje in dodajte sesekljan mango ter vse začimbe razen asafetide.
c) Sestavine temeljito premešajte.
d) Segrejte olje, dodajte asafetido in v ponev stresite masalo iz kruhovca.
e) Dodamo preostalo olje in kis.
f) Zavremo veliko vode. Dodajte 1 žlico soli.
g) Kruhov sadež kuhajte 5 do 7 minut, pri čemer pazite, da ostane rahlo trd in ne popolnoma kuhan.
h) Kuhan kruhovec odcedimo in ga za 1 uro razgrnemo na brisačo na soncu ali pod ventilatorjem.
i) Komarčkova semena in triplat na suho pražite, nato jih zmeljte v grob prah.
j) Kruhkemu sadju dodajte začimbni prah skupaj z nasekljanim mangom.
k) Segrejte 2 žlici olja, dodajte asafetido in z njo prelijte masalo iz kruhovca.
l) Dodamo preostanek olja in kisa, tako da dobro premešamo.
m) Pokrijte in postavite na stran. Zmes mešajte enkrat ali dvakrat dnevno 3 dni.
n) Kumarico preložimo v čist steklen kozarec in shranimo.

90.kivi kumarica

SESTAVINE:
- 4-5 zrelih kivijev, olupljenih in narezanih na kocke
- 1 žlica gorčičnih semen
- 1 čajna žlička semen koromača
- 1 čajna žlička kuminovih semen
- ½ čajne žličke kurkume v prahu
- ½ čajne žličke rdečega čilija v prahu (prilagodite okusu)
- 1 žlica drobno sesekljanega ingverja
- 2-3 stroki česna, sesekljani
- ½ skodelice belega kisa
- 2 žlici sladkorja
- Sol po okusu
- 2 žlici rastlinskega olja

NAVODILA:
a) Kivije olupimo in narežemo na majhne, za grižljaj velike koščke.
b) V manjši ponvi na suho pražimo gorčična semena, semena komarčka in semena kumine, dokler ne odpustijo svoje arome. Zmeljemo jih v grob prah.
c) V ponvi na srednjem ognju segrejte rastlinsko olje. Dodamo sesekljan ingver in sesekljan česen. Pražite, dokler ne zadiši.
d) Dodajte zmlete začimbe v prahu, kurkumo v prahu in rdeči čili v prahu. Dobro premešajte, da se poveže.
e) Začimbni mešanici dodamo na kocke narezan kivi. Nežno premešajte, da se kivi prekrije z začimbami.
f) Prilijemo beli kis in dodamo sladkor. Dobro premešamo in pustimo vreti približno 5-7 minut, da se kivi rahlo zmehča.
g) Okusite kumarico in prilagodite sol in sladkor po svojih željah. Dušimo še nekaj minut, da se okusi prepojijo.
h) Pustite, da se kumarica s kivijem popolnoma ohladi, preden jo prestavite v čist, nepredušen kozarec. Pred zaužitjem hladite vsaj nekaj ur.

91. Začinjeni jabolčni obročki

SESTAVINE:
- 12 funtov čvrstih trpkih jabolk , opranih, narezanih na rezine d, in jedro d
- 12 skodelic sladkorja
- 6 skodelic vode
- ¼ skodelice 5% belega kisa
- 8 cimetovih palčk
- 3 žlice celih nageljnovih žbic
- 1 čajna žlička rdeče jedilne barve

NAVODILA:
a) potopim se jabolka v raztopini askorbinske kisline .
b) Zmešajte sladkor, vodo, kis, nageljnove žbice, cimetove bonbone, palčke in barvila za živila.
c) Mešajte in dušimo 3 minute.
d) Jabolka odcedimo, dodamo v vroč sirup in kuhamo 5 minut.
e) Vroče kozarce napolnite z jabolčnimi obročki in vročim aromatiziranim sirupom, pri čemer pustite ½ palca prostora .
f) Spustite zračne mehurčke.
g) Kozarce dobro zapremo, nato pa 5 minut segrevamo v vodni kopeli.

92. Ingvirirane hruške

SESTAVINE:
- 2 skodelici olupljenih in narezanih hrušk
- ½ skodelice jabolčnega kisa
- ½ skodelice medu
- 1 žlica svežega naribanega ingverja
- 1 čajna žlička gorčičnih semen
- ½ čajne žličke cimeta
- ½ čajne žličke nageljnovih žbic
- Ščepec soli

NAVODILA:
a) V ponvi zmešajte jabolčni kis, med, nariban ingver, gorčična semena, cimet, nageljnove žbice in ščepec soli. Zavremo.
b) V ponev dodajte narezane hruške in jih kuhajte, dokler niso mehke, vendar ne kašaste.
c) Pustite, da se vložena hruška ohladi, preden jo preložite v čiste kozarce. Zapremo in ohladimo.
d) Ta kisla kumarica se dobro ujema s sirom in krekerji ali kot začimba k jedem iz svinjine.

93. iz jabolk in pese

SESTAVINE:
- 2 skodelici pese, olupljene in narezane
- 1 skodelica rdeče čebule, na tanke rezine
- 1 skodelica jabolka, narezanega na kocke
- 1 skodelica zlatih rozin
- 1 skodelica jabolčnega kisa
- 1 skodelica vode
- 1 skodelica rjavega sladkorja
- 1 čajna žlička cimeta
- 1 čajna žlička nageljnovih žbic
- 1 čajna žlička pimenta

NAVODILA:
a) V ponvi zmešajte jabolčni kis, vodo, rjavi sladkor, cimet, nageljnove žbice in piment. Zavremo in mešamo, dokler se sladkor ne raztopi.
b) V vrelo mešanico dodajte peso, rdečo čebulo, jabolko in zlate rozine. Kuhajte, dokler se pesa ne zmehča.
c) Pustite, da se mešanica ohladi, preden jo prestavite v čiste kozarce. Zapremo in ohladimo.
d) Te sladke in pikantne kumarice iz pese so čudovit dodatek k solatam ali kot edinstvena priloga.

94.Vanilije Bourbon Hruške Kumarice

SESTAVINE:
- 8-10 čvrstih, a zrelih hrušk Bosc
- 2 skodelici rjavega sladkorja
- 1 žlica ekstrakta vanilije ali ½ stroka vanilije
- 2-3 žlice Bourbona (na kozarec)
- 1-2 žlici limoninega soka
- 6-8 skodelic vode

NAVODILA:

a) Začnite s pripravo lonca za konzerviranje z rešetko na štedilniku, napolnjenega s 4 1-litrskimi kozarci in vodo. Zavremo, da steriliziramo kozarce 25 minut. V zadnjih 10-15 minutah dodajte pokrove, klešče za konzerviranje in druge pripomočke, ki jih nameravate uporabiti.

b) Medtem ko lonec vre, hruške olupimo in narežemo na polovičke ali četrtine. Zaradi lažjega pakiranja v kozarce so zaželene četrtine. Položite jih v skledo in pokapajte z limoninim sokom, da ne porjavijo.

c) Pripravite sladkorni sirup tako, da 6 skodelicam vode dodate 2 skodelici sladkorja. Zavremo, pustimo vreti nekaj minut in nato odstavimo z ognja. Dodajte nekaj žlic limoninega soka in vanilijev ekstrakt.

d) Ko so kozarci sterilizirani, jih previdno odložimo na čisto brisačo.

e) Dodajte hruške v vsak kozarec in dodajte en kozarec bourbona ali približno 3 žlice. Previdno napolnite kozarec z vročim sladkornim sirupom, pri čemer pustite ½ palca prostora na vrhu in zagotovite, da so hruške popolnoma pokrite, da preprečite porjavitev.

f) Pokrove in obroče trdno pritrdite, vendar ne premočno. Vrnite kozarce v vrelo posodo za konzerviranje in kuhajte največ 30 minut, pri čemer zagotovite, da so kozarci pokriti z vsaj 1 cm vode čez pokrove.

g) Po 30 minutah s kleščami za konzerviranje poberi kozarce iz vode in jih položi na brisačo, da se popolnoma ohladijo. Prepričajte se, da so na območju brez prepiha, izogibajte se rokovanju in udarcem. Morda boste slišali šibek "ping", kar pomeni, da se kozarci tesnijo.

h) Ko se ohladi, nežno pritisnite na vrhove kozarcev. Če se ne vrnejo nazaj, pomeni, da so popolnoma zatesnjene. Če ni zaprto, ga ohladite; sadje se ohrani nekaj tednov.

i) Obročke rahlo odvijte, da prepustite zrak in preprečite rjavenje. Vaši kozarci bodo ostali zaprti, dokler z njimi ravnate nežno. Ko se obročki posušijo, jih ponovno privijte in pred odprtjem shranite vsaj 1 mesec.

95.Vložené hrušky z rožmarinom

SESTAVINE:
- 450 g granuliranega sladkorja
- 400 ml jabolčnega kisa
- 1 čajna žlička nageljnovih žbic
- 1 čajna žlička pimentovih jagod
- 1 majhna cimetova palčka, prelomljena na pol
- 4 narezani trakovi limonine lupinice
- 750 g majhnih hrušk, olupljenih in celih, s še vedno pritrjenimi peclji
- 2 vejici rožmarina

NAVODILA:
a) V veliki ponvi z debelim dnom zmešajte sladkor, kis, začimbe in limonino lupinico. Mešanico počasi zavrite.
b) Dodamo hruške in dušimo 10 minut. Nato dodajte vejice rožmarina in kuhajte še 5 minut, dokler se sadeži ravno ne zmehčajo. Z žlico z režami prenesite hruške, rožmarin in začimbe v steriliziran kozarec (glejte spodnji nasvet). Tekočino za vlaganje vrnite na ogenj in pustite, da brbota 5 minut brez pokrova.
c) Hruške v kozarcu prelijemo s tekočino za vlaganje in kozarec zapremo. Ko se ohladi, kozarec shranite do 2 meseca na hladnem in temnem mestu. Odprto hranite v hladilniku in porabite v 2 tednih.

96. Jabolčne kumarice Jicama

SESTAVINE:
OSNOVNA SLAMNICA:
- 1 skodelica vode
- 1 skodelica jabolčnega kisa
- 2 žlici sladkorja
- 1 žlica košer soli

VSEBINA KOZARCA (RAZDELJENA V 2-POLITRSKA KOZARCA):
- 2 srednji jabolki, narezani na rezine
- 1 majhna jicama, olupljena in narezana
- 1 vanilijev strok
- 6 strokov kardamoma
- 2 žlici črnega popra v zrnu
- 2 žlički celega pimenta

NAVODILA:
a) Sestavine slanice mešajte v ponvi na srednje močnem ognju približno 5 minut, da se sladkor in sol raztopita.
b) Na dno vsakega kozarca razdelite kardamom, poprova zrna in piment. Jabolka na tanko narežite, jicama pa olupite in narežite na enako velike kose. Vsak kos zamenjajte tako, da jih zložite v kozarec, ki stoji na koncu, nato pa jih zložite postrani na vrh, da napolnite kozarec.
c) Strok vanilje prerežite po dolžini in iz notranjosti vsake polovice postrgajte semena. V vsak kozarec dodajte semena in polovico stroka. S palčko ali ročajem žličke vanilijev strok usmerite v kozarec po notranji strani, da ga boste lahko videli od zunaj.
d) Ko je kozarec pripravljen, segrejte slanico do vrenja. Vsebino v kozarcu prelijemo z vročo slanico, tako da jo napolnimo tik pod robom (naj slanica prekrije vso zelenjavo). Pustite, da se ohladi na sobno temperaturo, privijte pokrov in hranite v hladilniku do 1 meseca.
e) Te hrustljave rezine jabolk in jicama, namočenih v slanico kislih kumaric s pravimi stroki vanilije, stroki kardamoma, zrni črnega popra in jagodami pimenta, so čudovita začimba za mesne deske, solate in drugo. Uživajte!

97. Vložena jabolka s čilijem

SESTAVINE:
- 3 zelena jabolka (olupljena in brez peščic)
- 3 žlice limetinega soka
- 1 čili (narezan)
- 200 ml vode
- 150 ml jabolčnega kisa
- 100g sladkorja
- ½ čajne žličke soli
- 2 posušeni lupini mandarine

NAVODILA:

a) V ponvi zavrite vodo, jabolčni kis, sladkor, sol in posušene lupine mandarin. Mešajte, dokler se sladkor in sol ne raztopita, nato odstavite z ognja in pustite, da se ohladi na sobno temperaturo.

b) Jabolka narežite z rezalnikom za krhlje, jih položite v večjo skledo, dodajte limetin sok in narezan čili ter nežno premešajte.

c) Narezana jabolka položite v nepredušno steriliziran kozarec, nato pa v kozarec nalijte tekočino za vlaganje, tako da le pokrije jabolka.

d) Shranjujte v hladilniku 1 uro in do 2 dni.

e) Uživajte v vloženih jabolkih s kančkom čilija! So čudovit in osvežujoč dodatek vašim jedem ali kot edinstven prigrizek.

98.Jabolčna pita kumarice

SESTAVINE:
- 24 velikih jabolk (olupljenih, brez peščic in narezanih)
- 12 cimetovih palčk
- 4 skodelice jabolčnega kisa
- 4 skodelice vode
- 2 skodelici sladkorja
- 6 žlic soli
- 3 žlice celih nageljnovih žbic
- 1 žlica začimbe za jabolčno pito

NAVODILA:
a) Jabolkom olupite sredico in jih narežite na rezine, nato pa jih zložite v zidane kozarce skupaj s cimetovo palčko v vsakem kozarcu.
b) V manjšem loncu na srednjem ognju kuhamo preostale sestavine (jabolčni kis, vodo, sladkor, sol, cele nageljne in začimbo za jabolčno pito), dokler se sladkor in sol ne raztopita.
c) Odstranite lonec z ognja in previdno prelijte tekočino za vlaganje čez jabolka, tako da začimbe enakomerno porazdelite po kozarcih in pustite ½-palčni prostor.
d) Vsak kozarec nežno udarite ob mizo, da sprostite morebitne zračne mehurčke.
e) Nanesite vroče pokrove in obroče ter jih močno privijte s prsti.
f) Kozarce kuhajte v vodni kopeli 10 minut.
g) Kozarce pustite stati 2 tedna, preden jih odprete.
h) Uživajte v čudoviti aromi in okusu teh kislih kumaric za jabolčno pito, edinstven pridih, ki združuje dobroto začinjenih jabolk z ostrino kislih kumaric.
i) Popoln za dodajanje okusa vašim obrokom ali kot okusen prigrizek.

99. Zimski viski jabolčne kumarice

SESTAVINE:
- 2 srednji/veliki jabolki
- 2 kozarca standardne velikosti
- 1 skodelica vode
- ½ skodelice sladkorja
- ½ skodelice jabolčnega kisa
- 1 skodelica viskija Fireball
- Cimetove palčke
- Zvezdasti janež
- Cele brusnice
- Sveže rožmarinove vejice

NAVODILA:
a) Jabolka narežemo na čim tanjše in trakasto rezine, odstranimo morebitna semena. Za ta korak lahko uporabite spiralizator ali nož.
b) Narezana jabolka enakomerno razdelite v dva kozarca.
c) V kozarce dodajte cimetove palčke, zvezdasti janež, cele brusnice in sveže rožmarinove vejice ter jih zataknite v jabolka za vizualno privlačno predstavitev.
d) V veliki skledi zmešajte sladkor, vodo, jabolčni kis in viski Fireball. Dobro premešajte, da se poveže.
e) Tekočino enakomerno nalijte med oba kozarca, pri čemer pazite, da so jabolka in aromati dobro pokriti.
f) Kozarce dobro zaprite s pokrovi in jih postavite v hladilnik za vsaj 1 uro. Kisle kumarice bodo sčasoma postale bolj okusne, vendar morajo jabolka ohraniti lepo hrustljavo hrustljavost.

100. Balzamične kumarice s cimetom in hruškami

SESTAVINE:
- 4 velike hruške, olupljene, razrezane in narezane na rezine
- 1 skodelica balzamičnega kisa
- ½ skodelice vode
- ½ skodelice medu
- 2 cimetovi palčki
- 1 čajna žlička celega črnega popra v zrnu
- ½ čajne žličke soli

NAVODILA:
a) V ponvi zmešajte balzamični kis, vodo, med, cimetove palčke, poprova zrna in sol. Zavremo in mešamo, dokler se med ne raztopi.
b) V vrelo zmes dodamo rezine hrušk. Zmanjšajte ogenj in kuhajte 8-10 minut, dokler se hruške ne zmehčajo.
c) Odstavite ponev z ognja in pustite, da se ohladi na sobno temperaturo.
d) Cimetove palčke zavržemo, vložene hruške in tekočino pa preložimo v sterilizirane kozarce.
e) Kozarce zaprite in pred uživanjem postavite v hladilnik vsaj 24 ur.

ZAKLJUČEK

Upam, da ste ob zaključku našega popotovanja po "Popolnem priročniku o fermentiranem sadju" našli navdih, znanje in novo priznanje za umetnost fermentacije. Od pikantnega mangovega čatnija do gazirane malinove kombuče , je vsak ferment dokaz transformativne moči mikrobov in ustvarjalnosti fermentorja. Ko nadaljujete z raziskovanjem sveta fermentacije, ne pozabite, da je eksperimentiranje ključnega pomena – ne bojte se poskusiti novega sadja, začimb ali tehnik fermentacije.

Fermentacija ni le kulinarična tehnika; to je način življenja – povezava z našo preteklostjo, slavljenje raznolikosti in zavezanost trajnosti. S fermentacijo sadja počastimo modrost naših prednikov, zmanjšamo zavrženo hrano ter nahranimo telo in dušo z živahnimi, s probiotiki bogatimi živili.

Spodbujam vas, da svojo pot fermentacije delite z drugimi – izmenjujte recepte, prirejajte degustacijske zabave in širite veselje do fermentacije v svoji skupnosti. Skupaj še naprej ohranjajmo tradicijo, sprejmimo inovativnost in uživajmo v okusnih sadovih našega dela.

Hvala, ker ste se mi pridružili na tej avanturi fermentiranja. Naj bodo vaši fermenti gazirani, vaši okusi drzni in vaša kulinarična ustvarjalnost brezmejna. Na zdravje v svet, poln fermentiranih užitkov!